MARKET DIGITAL

Para Principiantes

2021

Las Estrategias Secretas del Marketing en
Internet Reveladas para Aumentar
Proporcionalmente Tu Negocio.

JOHN P. LOPEZ

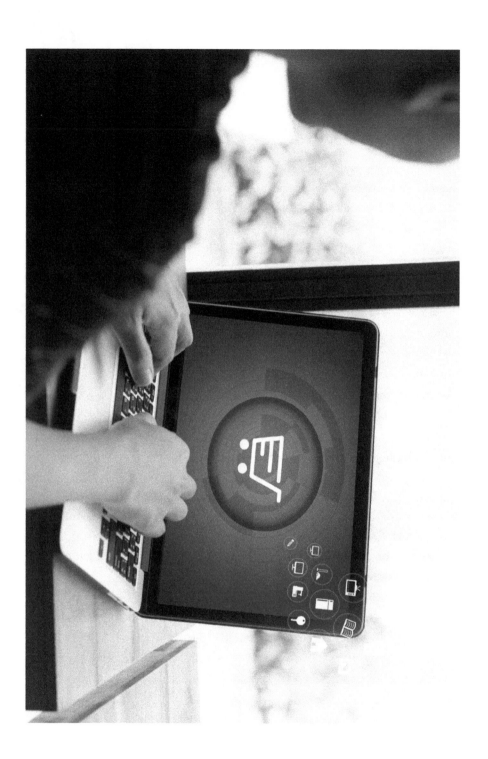

TABLA DE CONTENIDOS

—

INTRODUCCIÓN

Este libro ha sido escrito con un propósito específico en mente: hacerle consciente de las diferentes formas en que el mundo del marketing en Internet ha cambiado, y reforzar el hecho de que a pesar de todos esos cambios, todo el asunto sigue siendo bastante sencillo en el fondo. Si tiene la intención de desarrollar un negocio en línea que genere mucho dinero, ahora es un momento tan bueno como cualquier otro.

Es cierto que el mundo del marketing en Internet parece desalentador para la mayoría de la gente. No ayuda el hecho de que el desarrollo de este género sea constante, ya que cada día se introducen un montón de nuevas técnicas. Las cosas parecen ser difíciles a primera vista, los vendedores parecen estar haciendo un montón de cosas técnicas todo el tiempo ... pero si se rasca la superficie, la verdad de la misma se vuelve bastante clara. Descubrirá que la mayoría de estos profesionales del marketing están haciendo las mismas cosas que nosotros hacíamos en los viejos tiempos, sólo que ahora el aspecto de compartir esas cosas con la gente ha mejorado con una presteza asombrosa.

Esto significa que la gente sigue escribiendo artículos y enviándolos a varios lugares en Internet para que puedan atraer a personas altamente seleccionadas a sus sitios web de negocios. Siguen escribiendo entradas de blog y comentándolas. Siguen compartiendo enlaces siempre que pueden. Siguen utilizando el marketing de afiliación, y más que nunca, ya que los grandes como Google y Yahoo! han entrado en la lucha con aplomo.

Pero, al mismo tiempo, también han aparecido varios métodos nuevos. Esta es la era de las redes sociales. Las redes sociales han surgido a lo grande. Hoy en día, la gran multitud de Internet está formada por personas que se han enganchado a sitios web de redes sociales como Facebook, Twitter y LinkedIn, desde donde se conectan con millones de personas. ¿Cómo pueden los vendedores de Internet perder esta oportunidad? El marketing en estas redes es la tendencia del momento.

Tampoco hay que olvidar uno de los mayores fenómenos que han adornado el mundo en los últimos años... YouTube. O, el video marketing en general. Una de las formas más eficaces de hacer marketing ahora mismo es hacer vídeos cortos -vídeos promocionales- de sus productos y colgarlos en sitios web como YouTube, desde donde pueden entrar en el dominio público. Estos vídeos se titulan y etiquetan con palabras clave populares para que sean accesibles a personas de todo el mundo a través de los motores de búsqueda. Una vez que estos vídeos se ven y gustan, a la gente no le importa compartirlos con sus compatriotas en Internet.

El marketing en Internet ha crecido de muchas maneras. Ya no se trata sólo de vender el producto como se hacía antes a través de un único sitio web estático. Hoy en día, podemos decir que el marketing en Internet ha crecido y ha salido por sí solo. Es un hecho que los cambios en este mundo son sorprendentes, pero aún así son reales y se pueden aplicar igualmente.

El propósito de este libro electrónico es mostrarle cómo puede aplicar también estas nuevas técnicas. Es una cosa maravillosa que tienes a tu disposición: Internet. Con ella, puede hacer que el mundo entero sea su mercado. Usted puede llegar y comercializar su producto a la gran multitud y hacer un muy buen trabajo fuera de él.

Siga leyendo para entender en qué consisten estos métodos y cómo puede aplicarlos en sus estrategias empresariales.

CAPÍTULO 1: MARKETING EN INTERNET PARA PRINCIPIANTES

¿Qué es el marketing en Internet y quién puede hacerlo?

Habrá oído hablar mucho de este término. Probablemente también haya leído mucho sobre él. La gente habla de ello como si fuera la mejor oportunidad de negocio del mundo actual. Pero, ¿cuál es la verdadera realidad? ¿Es realmente tan bueno como lo pintan?

Ya te habrás dado cuenta de que estamos hablando de INTERNET MARKETING.

Para comprender si el marketing en Internet tiene realmente lo que pretende, primero hay que entender en qué consiste el concepto. Empecemos por aquí.

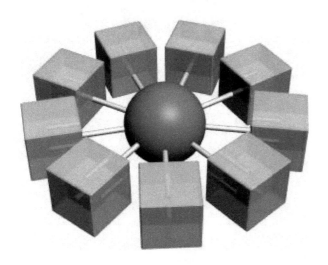

¿Qué es el marketing en Internet?

En un sentido muy amplio, cualquier método que le ayude a ganar dinero en Internet dando a conocer un producto para su venta es marketing en Internet. Si tienes una aplicación de software, por ejemplo, y la vendes en Internet para ganar dinero, entonces lo que estás haciendo es marketing en Internet.

No es necesario que el producto sea suyo. Hay muchas maneras de adquirir productos de otros. Obtener los derechos de reventa de los productos es una forma de hacerlo. Convertirse en un afiliado de algún sitio web que esté vendiendo un producto es otra forma de hacerlo. En este caso, usted no está vendiendo su propio producto, pero lo está publicitando en Internet igualmente. Por eso entra dentro de la definición de marketing en Internet. El marketing de afiliación es un subconjunto del marketing en Internet.

Por supuesto, el marketing en Internet es mucho más de lo que parece. No es tan sencillo como sugiere esta definición. Hay varias tácticas y estrategias que usted debe utilizar, diferentes maneras en que usted puede ir a través de la comercialización del Internet, y muchos niveles diferentes en que este trabajo. Este libro electrónico ayudará a desplegar lentamente estas diversas capas y tratar de hacer que usted entienda los diversos aspectos que están involucrados en ella.

¿A quién va dirigido el marketing en Internet?

Le sorprenderá leer esto: cualquier persona que tenga un ordenador con una conexión fiable a Internet puede entrar en el marketing por Internet. No hay calificaciones o, en la mayoría de los casos, elegibilidades necesarias aquí. Si cree que la inversión puede ser un problema, también se equivoca. En la mayoría de las empresas de marketing en Internet, no necesitará una inversión en absoluto. En la mayoría de los otros, si usted tiene alrededor de 100 dólares flotando en una cuenta online, cubriría con creces sus gastos iniciales.

Y ni siquiera necesitas un mentor. La mayoría de las personas que tienen éxito en la comercialización de Internet hoy en día han sido auto-emprendedores e incluso auto-aprendices. Usted también podría hacerlo. Este eBook y otros recursos similares pueden ayudarle a liberar el potencial del marketing en Internet.

Así que sigue leyendo. Hay mucho más que aprender y entender antes de que te inicies en esta gran oportunidad.

Conceptos de tráfico web - Por qué el marketing en Internet no puede prescindir de él

Uno de los términos más importantes con los que se encontrará repetidamente cuando se trate de marketing en Internet es "tráfico". Básicamente significa el número de visitantes que llegan a un sitio en particular. Cuando un sitio web dice que tiene un tráfico de un millón por mes, entonces significa que un millón de personas visitan ese sitio web en particular cada mes.

Pero entonces hay algunas cosas que usted debe entender como un comercializador de Internet. Aquí consideramos algunos de estos aspectos:

1. El tráfico, en sí mismo, no es útil para el comercializador de Internet. Lo que cuenta es el tráfico único. Usted puede tener un tráfico de cien mil, pero si el 90% de ellos son sus visitantes habituales, entonces no ha ganado nada nuevo. En ese caso, tu tráfico significativo que deletrea tu progreso es sólo el 10% de personas nuevas que has obtenido.

2. Una vez más, las personas que hacen clic en el enlace de su sitio web apenas le sirven de nada. Para que su negocio tenga éxito, necesita que estas personas realicen alguna acción específica. Necesita que se descarguen un libro electrónico, que se suscriban en su sitio web o que paguen y compren un producto, etc. Los simples navegantes no hacen mucho por su sitio web.

Tráfico caliente y frío

El concepto de tráfico caliente y frío pronto será muy importante para usted. En pocas palabras, las personas que llegan a su sitio web y se van sin hacer nada son tráfico frío. No le sirve de nada. Por otro lado, las personas que llegan a su sitio web y realizan alguna acción que usted desea que realicen constituyen el tráfico caliente. No hace falta decir que es el tráfico caliente el que debe buscar.

El tráfico frío es el que has conseguido a partir de simples métodos no dirigidos, como las búsquedas en Google. Estas personas probablemente han llegado a su sitio web cuando buscaban una palabra clave concreta en Google. No tenían ninguna inclinación por visitar su sitio web en particular, simplemente apareció. Han visitado su sitio web sin ninguna expectativa. Tampoco debe esperar que realicen ninguna acción. La tasa de conversión de estas personas es muy baja.

El tráfico caliente llega a su sitio web a través de algunos métodos dirigidos. Puede que hayan llegado gracias a algunos de sus esfuerzos, como el blogging o el marketing de artículos, de los que hablaremos más adelante. Naturalmente, estas son las personas que más significan para usted en términos de perspectivas de negocio. Llegan a su sitio web con alguna expectativa, por lo que puede esperar algún negocio de ellos también.

Monetizar el tráfico

El tráfico es importante, y veremos los métodos para atraer el tráfico a su sitio web, pero ¿cuáles son las cosas básicas que necesitará para empezar a monetizar este tráfico? Monetizar significa convertir el tráfico en dinero. Usted tiene que hacer algunos esfuerzos no sólo en traer a la gente a su sitio web, pero también tiene que asegurarse de que usted hace el dinero de estas personas. Aquí vemos lo que se necesita.

Cómo hacer los preparativos

Tienes que tener un sitio web. Es absolutamente imprescindible. Esto es nada menos que un espacio de oficina. Podría ser su oficina corporativa virtual. Es lo que la gente que no te conoce verá y se hará una idea de ti. Una de sus principales necesidades es un buen sitio web. Por supuesto, hay toneladas de maneras en que usted puede hacer dinero de sus esfuerzos en línea sin un sitio web, pero si usted tiene un buen sitio web, será una historia completamente diferente.

Si cree que todavía no quiere tener un sitio web, al menos puede tener un blog. Hoy en día, los blogs se consideran cada vez mejor que los sitios web porque son interactivos. Puedes mantener un contacto constante con tu público a través del blog. Lo mejor es que los blogs son gratuitos. Con herramientas como Blogger (http://www.blogger.com/), puedes crear tu propio blog en cuestión de minutos y tenerlo en funcionamiento. Si no quieres un blog gratuito (la única razón por la que no lo quieres es que tendrás que lidiar con sus anuncios en tu blog), entonces puedes optar por un blog de WordPress (http://www.wordpress.com/), que es de pago pero no tiene anuncios.

Recuerde que no se trata sólo de atraer a la gente a su sitio o blog. Tienes que enganchar su interés para que se vean obligados a realizar la acción que esperas de ellos. De ahí que el atractivo sea un punto importante. Pero también es muy importante impresionarles con un contenido significativo.

El proceso de monetización real

Para empezar a ganar dinero, lo que necesita es una solución de comercio electrónico. Si usted tiene un producto que está vendiendo, tener un carrito de compras en su sitio es una gran adición. El carrito de la compra retiene la compra del cliente mientras el dinero se paga y mantiene la cuenta. Dado que los pagos se realizarían a través de tarjetas de crédito, los carros de la compra también tienen encriptación.

Pero si usted está utilizando una ruta diferente para monetizar los ingresos, como usted está permitiendo a descargar un libro electrónico como su compra, entonces usted necesita para permitirles una opción como PayPal (http://www.paypal.com/) de pago o transferencia bancaria para recoger sus fondos.

Tenga en cuenta que monetizar no sólo significa recaudar el dinero, sino también todo el proceso. Si está tratando de interesar a sus clientes en una oportunidad hoy para que se conviertan en clientes mañana, eso también es monetización. Veremos cómo puede utilizar las páginas de aterrizaje y las páginas de captación de clientes potenciales (también conocidas como páginas de captación) para conseguirlo.

Creación de ingresos residuales

Para cualquier comercializador de Internet, lo mejor que puede suceder es el inicio de una oportunidad de ingresos residuales. Esto sucede cuando el vendedor tiene un negocio establecido que sigue pagando a pesar de que él o ella no está poniendo ningún esfuerzo activo en él. Esto es muy parecido a los derechos de autor que se ganan en una novela que se escribe y se publica. Hay algunas formas de crear estas oportunidades de ingresos residuales en Internet.

Una de estas formas es tener un libro electrónico en una página de blog o página web popular que la gente seguirá descargando y pagando. Se trata de un flujo residual de ingresos. Si su libro electrónico es bueno, la gente hablará de él y más personas seguirán comprándolo. Esto es lo que se conoce como marketing viral. Incluso si no tienes ganas de trabajar durante un tiempo, tus flujos de ingresos residuales deberían ser lo suficientemente buenos como para ayudarte durante un tiempo.

Conceptos de comercio electrónico que necesitará

El comercio electrónico es un término general que se utiliza para describir todas las transacciones que tienen lugar en Internet. En el escenario del marketing en Internet, este es definitivamente un término muy útil. Las rutas de compra y venta que tendrá que establecer en su sitio web comercial tendrán que hacerse a través de una solución de comercio electrónico. En realidad, se trata de un programa de software que puede proporcionarle diversas funciones según sus necesidades.

Para tener una solución de comercio electrónico en su sitio web, tendrá que contratar un servicio de alojamiento de comercio electrónico adecuado. Estos servicios de alojamiento de comercio electrónico se encargan de varias tareas, desde la creación del sitio web de comercio electrónico hasta la ayuda en el procesamiento de tarjetas de crédito, pasando por los servicios de integración de pasarelas de pago y la adición de carros de la compra al sitio web.

A continuación se presentan los 10 mejores sitios de alojamiento de comercio electrónico del mundo en la actualidad:

Go EMerchant (http://goEmerchant.com/) 3DCart (http://www.3dCart.com/) Volusion (http://www.volusion.com/)

Core Commerce (http://www.corecommerce.com/)

Yahoo Merchant (http://smallbusiness.yahoo.com/ecommerce/) ProStores (http://www.prostores.com/)

Soluciones de red (http://www.networksolutions.com/)

GoDaddy Quick Shopping Cart (http://www.godaddy.com/gdshop/ecommerce/cart.asp/)

PrecisionWeb (http://www.precisionweb.net/)

Fortuna3 (http://www.fortune3.com/)

Su solución de comercio electrónico no es sólo por la comodidad que proporciona. Hay muchas otras cosas que implica, que son cruciales para su negocio.

La primera cosa importante es la función de cesta de la compra. Aquí es donde cualquier miembro de su sitio web puede añadir los productos que le interesan. Los carros de la compra pueden "retener" varios productos hasta que la persona realice el pago. Así, si una persona quiere ver toda su gama de productos antes de hacer la compra, no tiene que preocuparse de que se olvide de comprar los primeros que vio.

Además, la codificación es algo muy importante. Dado que la gente va a utilizar sus tarjetas de crédito aquí, es responsabilidad del desarrollador del sitio asegurarse de que sus identidades no sean robadas. La mayoría de los sitios de comercio electrónico utilizan una protección SSL de 128 bits, aunque algunas soluciones de comercio electrónico podrían proporcionar un valor mucho más alto de encriptación.

Blogging para la construcción de tráfico de marketing en Internet

Los blogs funcionan increíblemente bien a la hora de atraer tráfico en la era actual de Internet; incluso los motores de búsqueda están predispuestos a dar más importancia a los blogs en comparación con los simples sitios web.

¿Qué son los blogs?

Los blogs son sitios web de crónicas, es decir, son sitios web en los que usted publica contenidos y éstos se mantienen en el orden de las fechas que usted envía. Una sola pieza de contenido que usted envía, que no es diferente de un artículo en su tamaño y estructura, se conoce como un post. Los visitantes son libres de hacer comentarios sobre su artículo. Usted puede responder a estos comentarios. Por lo tanto, un blog es una herramienta muy interactiva. Además, un blog le ofrece la posibilidad de publicar la URL del sitio web de su empresa en su artículo, lo que ayuda a generar tráfico. Si a alguien le gusta el artículo que has hecho, querrá hacer clic en este enlace y visitar tu sitio web para obtener más información.

Los blogs son conocidos por sus contenidos significativos y actualizados con regularidad. La gente busca aquí información; puede ser sobre cómo hacer una cosa determinada o algunos datos y cifras interesantes sobre algo, o algunas reseñas sobre un producto, etc. Es un lugar ideal para publicitar su negocio de forma sutil.

Cómo hacer que los blogs funcionen

El primer paso es crear el blog. Con herramientas como Blogger (http://www.blogger.com/), puedes crear tu propio blog en cuestión de minutos y ponerlo en marcha. Si no quieres un blog gratuito (la única razón por la que no lo quieres es que tendrás que lidiar con sus anuncios en tu blog), entonces puedes optar por un blog de WordPress (http://www.wordpress.com/).

Una vez que tienes tu blog, lo estás adornando con buenos contenidos. No debes incluir ningún enlace directo a tu sitio web porque a los lectores no les gusta. Podría parecer publicidad descarada que debes evitar a toda costa. Sin embargo, puedes poner enlaces en el pequeño encabezamiento que sigue a tu nombre como creador de la entrada en el blog.

Los blogs funcionan porque los motores de búsqueda los adoran. Y los motores de búsqueda los adoran porque la gente siempre los visita en busca de contenido. Los motores de búsqueda de hoy en día, especialmente Google, buscan proporcionar a la gente los mejores resultados que puedan y los blogs ciertamente encajan en el proyecto de ley.

Así que lo principal que necesitas para que tus blogs funcionen es:

- Buen contenido
- Actualizaciones periódicas
- Responder a los comentarios de los usuarios
- Publicidad sutil de su producto

A veces, regalar productos gratuitos ayuda. Si promocionas la descarga de un libro electrónico gratuito, seguro que la gente estará interesada en descargarlo. Cuando hagan clic en el enlace anunciado, podrías hacerles pasar por una página de captación de clientes potenciales (también conocida como squeeze page) en la que les pides su dirección de correo electrónico para verificarla o para enviarles directamente más ofertas de este tipo. Cuando tengas esta lista preparada, puedes utilizarla para comercializar tus productos con ellos directamente. Debes tener en cuenta que esta lista es de tráfico caliente, es decir, personas que se han interesado por tu producto e incluso han seguido adelante con una descarga. Sería fácil convertirlos de visitantes a clientes.

Envíos de artículos para atraer tráfico de marketing en Internet

Uno de los métodos más comunes - y también el más convencional - de la construcción de tráfico en sus sitios web es a través de la comercialización del artículo. Hay vendedores del Internet que no utilizan ningún otro método menos sumisiones de artículo para traer en el tráfico en sus sitios web. La comercialización del artículo puede ser libre si usted quiso y la mejor parte es que trae en el tráfico apuntado, es decir trae en la gente que tiene ya un interés en lo que usted trata.

¿Qué es el marketing de artículos?

La definición simple de marketing de artículos es escribir y enviar artículos a directorios en línea con el fin de atraer tráfico. Estos artículos tienen un cuadro de biografía debajo de ellos, donde el autor puede escribir una breve descripción sobre sí mismos y sus negocios e incluso colgar el enlace, que puede traer el tráfico dirigido a su sitio web.

Los artículos que se envían se optimizan para los motores de búsqueda con palabras clave. Los autores de los artículos enviados utilizan palabras clave de herramientas como WordTracker (http://www.wordtracker.com/) o Google Suggest (http://suggest.google.com/) para encontrar palabras clave que la gente está buscando popularmente e incorporarlas en sus artículos. Gracias a estas palabras clave, los artículos tienen más posibilidades de aparecer en los resultados de los motores de búsqueda cuando alguien busca con esa palabra clave. Así es como se consigue el tráfico a través de ellos.

Ahora bien, ¿por qué alguien va a buscar con esa palabra clave? La respuesta es sencilla: porque quiere información sobre ese tema. Y por lo tanto, hay una gran posibilidad de que vean el artículo. Ahora, si les gusta ese artículo, querrán leer más para obtener más información. Es entonces cuando harán clic en el enlace del sitio web. Como estas personas ya tienen interés en el tema, hay muchas posibilidades de que ayuden a la conversión.

Usar artículos para atraer tráfico caliente

No es erróneo decir que ya lo tienes hecho cuando te dedicas a enviar artículos. Puede estar seguro de que las personas que les gustan sus artículos visitarán su sitio web y es muy probable que hagan negocios con usted también. Pero, usted debe saber donde poner estos artículos.

De lo que estamos hablando aquí es de los directorios. Estos son los lugares donde usted envía sus artículos. Hay muchos directorios de envío de artículos gratuitos en Internet que aceptan artículos sobre una amplia gama de temas. Los directorios también siguen sus propios trucos para la optimización de los motores de búsqueda, que estarán por encima de la optimización de las palabras clave que utilices.

La siguiente es una lista de directorios de envío de artículos que deberías conocer:-Ezine

Articles (http://www.ezinearticles.com/) - uno de los directorios de marketing de artículos más populares, aunque sus reglas de envío son muy estrictas.

iSnare   (http://www.isnare.com/)
Go   Articles   (http://www.goarticles.com/)   Article   Alley
(http://www.articlealley.com/)   Article   City
(http://www.articlecity.com/)

Además, hay varios lugares donde puede enviar artículos y ganar dinero además de promocionar su negocio. Los siguientes son algunos de estos sitios. Sólo ten en cuenta que tendrás que pasar por un proceso de aprobación antes de convertirte en escritor en estos sitios web, ya que es probable que te paguen por lo que envíes aquí. eHow (http://www.eHow.com/)

About.com   (http://www.about.com/)   Bukisa.com
(http://www.bukisa.com/)   Xomba.com   (http://xomba.com/)
FireHow.com (http://www.firehow.com/)

Si tiene varios artículos en estos sitios, puede estar seguro de que obtendrá un flujo constante de visitantes en su sitio. Pero asegúrate de que los artículos que envíes sean de buena calidad, tanto por el idioma como por la información que contienen.

Marketing en Internet y redes sociales

Las redes sociales se han convertido en un aspecto muy importante del marketing en Internet hoy en día. Vivimos en el mundo de la Web 2.0. Es la época en la que la gente utiliza Internet no sólo para informarse, sino también para interactuar. Intentan conectarse con otras personas para entender conceptos, obtener información, leer reseñas sobre productos y demás.

Las redes sociales significan simplemente comunicarse e interactuar con la gente a través de Internet. Muchos sitios web permiten que las personas se relacionen socialmente entre sí. Los siguientes son algunos nombres

Facebook (http://www.facebook.com/) MySpace (http://www.myspace.com/) Hi5 (http://www.hi5.com/) Twitter (http://www.twitter.com/)

Esto tiene muchos aspectos:

Marketing viral

Esto ocurre cuando a alguien le gusta un producto y lo recomienda a otros. ¿Recuerdas cuando un amigo comió en un restaurante, le gustó y te lo recomendó? Esto es el marketing viral. Esta es la mejor forma de marketing si tienes un producto, porque te aseguras de que la gente hable de tu producto y lo recomiende a sus amigos y familiares. Esto aumenta las posibilidades de que compren el producto. El marketing viral se lleva a cabo en las redes sociales, especialmente en los grupos creados en torno a temas especiales.

Cómo hacer de su empresa de marketing en Internet un negocio en casa completo

Una cosa muy distinta es empezar con algo y otra muy distinta es impulsarlo de forma constante. Lo mismo ocurre con el marketing en Internet. Puedes empezar, pero para convertirlo en un negocio completo en casa, hay algunas cosas más que necesitas hacer.

Racionalizar los procesos es una parte importante del juego. Para ello, tendrá que ponerse en contacto con personas -en realidad, contratarlas- para que realicen diversas tareas por usted. Llegará un momento en el que usted ocupará la mayor parte del tiempo un puesto directivo, mientras que su grupo de profesionales contratados llevará a cabo las distintas tareas que les haya asignado.

Lo más probable es que necesite un redactor que escriba contenidos para sus distintas necesidades -artículos, libros electrónicos, comunicados de prensa, páginas de ventas, informes-, un editor que les eche un vistazo, un diseñador web que mantenga su sitio web, etc. También es posible que necesite un gestor virtual que se ocupe de todas estas personas.

Recuerda que no debes limitarte a hacer todas las tareas tú mismo. Aunque creas que nadie puede hacer las cosas tan bien como tú, tienes que seguir buscando gente porque si no lo haces, tu crecimiento se va a ver frenado. Hay un límite a lo que puedes alcanzar.

Hay varios sitios de trabajo en Internet desde donde se puede contratar a estas personas. La siguiente es una lista de estos sitios de trabajo. Get A Freelancer (http://www.getafreelancer.com/) EUFreelance (http://www.eufreelance.com/)

People Per Hour (http://www.peopleperhour.com/) ScriptLance (http://www.scriptlance.com/)
eLance (http://www.elance.com/)

A través de estos portales de empleo puedes contratar a todos los profesionales que necesites para tus necesidades de marketing en Internet mediante un sistema de pujas. Sin embargo, debes recordar que la oferta más barata no es la mejor. Echa un vistazo a sus muestras de trabajos anteriores y a las reseñas que han recibido en el sitio.

Cuando tenga un puñado de personas diligentes y motivadas, podría empezar a trabajar fuera del portal y entregarles sus trabajos directamente. Esto le ayuda a ahorrar gastos de mercado y le permite forjar sólidas colaboraciones con estas personas. Si quiere dedicarse a esto a tiempo completo, necesitará personas con talento que le ayuden en todo lo que haga.

Pros y contras del marketing en Internet

Los profesionales

La mayor ventaja es que es la mejor manera de iniciar un negocio propio. Para montar un negocio físico, necesitas capital. En Internet, no necesitas mucho capital. Puedes montar un negocio gratis y luego mantenerlo en funcionamiento con lo que ganes. Incluso si acaricia el sueño de tener un gran edificio en algún momento en el futuro, trabajando en línea podría ganar suficiente dinero para hacerlo realidad. Sí, el mundo online podría enriquecer tu mundo offline.

También hay que tener en cuenta que esto es extremadamente sencillo de hacer. Cualquiera puede introducirse en el marketing por Internet: amas de casa, adolescentes, jubilados, inválidos, personas que no tienen casa propia, personas que no tienen seguridad social e incluso hombres y mujeres trabajadores sanos que quieren obtener ingresos extra. De todos modos, la tendencia se está desplazando hacia Internet. Debido a la recesión, la gente está muy preocupada por sus trabajos fuera de la red y, de repente, ha aumentado el número de personas que se unen a la lucha por Internet.

Incluso debe considerar el factor de la deducción fiscal. Cuando usas una parte de tu casa para tu negocio en casa eso se convierte en parte de tus deducciones. Lo mismo ocurre con el ordenador que utilizas.

La comodidad es por excelencia. No tienes que desplazarte a ningún sitio. Puedes trabajar en calzoncillos; no tienes que impresionar físicamente a las personas con las que tratas. Algunas personas sienten que son más libres cuando chatean en línea que cuando hablan cara a cara. Además, si tienes deseos de liderazgo, Internet es el mejor lugar donde puedes hacerlo, especialmente a través de los grupos de redes sociales.

Y no podemos menospreciar el factor dinero. No hay límite a lo que se puede ganar trabajando en línea. Incluso cuando empiezas, es muy posible ganar entre 500 y 1.000 dólares al mes. Seis meses después, deberías ganar unos cuantos miles al mes. Dos años después, tus ingresos deben ser de decenas de miles al mes. Y todo esto sucede incluso si no sigues poniendo esfuerzos constantes. El concepto de ingresos residuales es muy importante aquí si lo has tenido en cuenta desde el principio.

Los contras

Algunas personas dicen que el marketing en Internet es un trabajo de ermitaños porque estas personas no se mezclan con otras personas. Sin embargo, eso no es cierto. De hecho, estas personas tienen tanto dinero que pueden unirse fácilmente a clubes, participar en las actividades de su iglesia, ir de vacaciones con sus familias, etc. En realidad, las personas con trabajos de oficina no pueden permitirse estos lujos.

Pero una cosa que mancha el mundo del marketing en Internet son los operadores de estafa que existen aquí. Sí, hay estafadores. Algunos de ellos dan mala fama a todo el mundo. Tienes que ser honesto; tienes que asegurarte de que estás tratando con la gente de la manera correcta. Aunque siempre hay un poco de escepticismo relacionado con cualquier trato en línea, si eres honesto, lo lograrás.

Algunos términos útiles en el marketing en Internet

Ya tienes todos los ingredientes que necesitas para empezar tu aventura de marketing en Internet. Pero para seguir adelante, necesitarás más conocimientos, más información. Esta es la razón por la que debe seguir descargando material como este y seguir mejorando su banco de conocimientos. Aquí hablaremos de algunos términos que necesitarás para llevar tu negocio más allá, algo así como el teaser de una secuela que sigue al final de una película de terror de Hollywood.

Marketing por correo electrónico

Es el proceso de promoción de su negocio mediante el envío de correos electrónicos. Sin embargo, no puede enviar correos electrónicos al azar o se ganará la reputación de spammer. Pero, si ha hecho una lista de personas que han optado por lo que está proporcionando, entonces usted puede enviar fácilmente correos electrónicos a ellos.

Estos correos electrónicos no deben ser descaradamente promocionales; deben contener cosas significativas y sólo una sutil insinuación sobre su producto. El marketing por correo electrónico puede realizarse a través de un software, que puede enviar miles de correos electrónicos a su lista de forma automatizada. Puede pensar en esto cuando sus esfuerzos iniciales le hayan ayudado a construir una lista.

Autorespuestas

Necesita estas aplicaciones. Cuando alguien se inscribe en su lista o realiza una acción determinada en su sitio web, debe recibir una respuesta rápida agradeciéndole su acción.

Usted no puede supervisar todas estas actividades 24/7 y por lo tanto usted necesita autorespondedores. Los autorespondedores comunicarán a las personas a través de sus identificaciones de correo electrónico tan pronto como hayan pasado por esa acción en particular. Para la persona que recibe el mensaje, esto significa mucho porque indica que alguien siempre se está ocupando de las cosas en la empresa.

Alimentadores

Los feeds son funciones que puede añadir a su sitio web para que los usuarios sepan directamente cuándo actualiza su sitio web. Antes, los propietarios de sitios web solían animar a los visitantes a marcar sus sitios web para que pudieran volver a ellos. Pero hoy en día, con la presencia de los feeds, esto no es necesario.

CAPÍTULO 2: UNA VISIÓN GENERAL DEL MARKETING EN INTERNET

Antes de empezar, lo más lógico es que entendamos en qué consiste el marketing en Internet. El marketing en Internet es esencialmente el proceso que implica la venta de cosas a través de Internet, pero hay mucho más de lo que parece.

Hay varios métodos que se utilizan en el marketing en Internet. Este capítulo sirve de guía para entender la técnica del marketing en Internet, y también veremos qué beneficios y limitaciones tiene el concepto de marketing en Internet.

¿Qué es el marketing en Internet?

Si cada época de la historia pudiera llamarse por el mayor invento de esa época, ésta se llamaría sin duda la Era de Internet. Internet ha hecho proliferar todos y cada uno de los aspectos de nuestro ser y, de hecho, ha dado una nueva dimensión a la forma en que vivimos en el planeta. Hoy en día, para todas y cada una de las cosas, tanto si se trata de comprar un cepillo de dientes como de difundir la conciencia global sobre el creciente agujero en la capa de ozono, la gente utiliza Internet como medio. Y, Internet ha demostrado ser un medio implacable, que proporciona a la gente lo que busca.

De todos los diferentes propósitos que tiene el mundo de Internet, hay una tendencia muy importante que se ha puesto de moda últimamente. Se trata de la tendencia a vender y comprar cosas a través de Internet. Se ha creado todo un mundo paralelo, un mundo de empresarios en línea que ganan dinero vendiendo cosas por Internet. El dinero que se mueve aquí es inmenso.

Eso es evidente. Con una población tan grande en el mundo online, es comprensible que los negocios aquí sean enormes. A continuación se presentan algunos datos y cifras del sector del marketing online tal y como estaban en 2008. La situación no ha hecho más que mejorar desde entonces.

	Continent	People Using the Internet
1.	Asia	578.6 millions
2.	Europe	384.6 millions
3.	North America	248.2 millions
4.	Latin America	139 millions
5.	Africa	51 millions
6.	Middle East	41.9 millions
7.	Australia	20.2 millions

Estas estadísticas indican que la gran mayoría de la gente del mundo está en línea ahora mismo. Utilizan constantemente Internet como medio de intercambio. No es de extrañar entonces que tantos vendedores en línea estén tratando de crear un nicho para sus productos en este mundo.

InternetWorldStats.com dice que el 20% del mundo ya está en Internet. Utilizan el mundo en línea de diferentes maneras, como para comunicarse o entretenerse, o para crear redes o hacer negocios. Pero las cifras son definitivamente alentadoras. Significa que 1 de cada 5 personas en el mundo utiliza Internet de una forma u otra.

Si nos fijamos en las estadísticas individuales, podemos ver muchas más tendencias positivas en el mundo online. Japón, por ejemplo, ha crecido en el mundo de Internet a pasos agigantados. Es uno de los países más prolíficos en el uso de Internet. Casi todos los hogares japoneses gastan al menos el 10% de su presupuesto en Internet. [1] A escala global, en toda Asia, el dinero generado a través de las compras en línea ha superado ya la marca de los 168.000 millones de dólares anuales. [2] Otra nación asiática, Corea del Sur, tiene la reputación de tener el mayor porcentaje de personas que compran por Internet. En esta pequeña nación, 99 de cada 100 usuarios de Internet hacen sus compras por la red. [3] Sin duda, es una cifra impresionante.

Todo esto ha creado una tendencia al alza también en el mundo de la publicidad en Internet. La publicidad en Internet se ha convertido hoy en día en una industria completa en sí misma. Ya estamos gastando unos 100.000 millones de dólares en todo el mundo en publicidad en Internet. [4] ¡Es una cifra alucinante!

[1] Según el Digital Economy Factbook, edición 2007

[2] Según el informe Insight de MasterCard

[3] Según el informe Nielsen [4] Según IDC.com

Entonces, ¿cómo te ayudan todos estos datos y cifras para tu crecimiento personal? En este momento, una de las cosas más importantes en la agenda de la mayoría de la gente es tener una fuente de ingresos segura - todos tienen un mal sabor de boca después del colapso económico de 2008, durante el cual la reducción de las empresas se había convertido en la norma- y una fuente de ingresos que prometa un crecimiento constante.

La gente ha probado varias opciones para ganar dinero, pero es el mundo de Internet el que parece la opción más lucrativa en el mundo actual. A ello contribuye, sin duda, el hecho de que mucha gente está haciendo negocios a través de Internet. Las reservas iniciales a la hora de comprar por Internet se han disipado, y ahora el mundo de Internet es sin duda un refugio más seguro con tantas herramientas que han hecho acto de presencia. Es bastante comprensible que ahora la gente esté deseando comprar cosas por Internet. Les ayuda de muchas maneras, sobre todo a conocer los informes de los productos que intentan comprar, lo que les ayuda a tomar una mejor decisión de compra.

Personalmente, esta podría ser una gran manera de ganar interesantes sumas de dinero a través de Internet. Usted podría tener un flujo constante de ingresos y pasar más tiempo con su familia, porque los empresarios de marketing en Internet no necesitan aventurarse fuera de sus casas si no quieren. Esto podría ser muy beneficioso para usted por más razones de las que piensa.

Mencionar todo esto al principio fue con la intención de que te des cuenta de que el mundo del marketing online es una opción muy lucrativa, y sin duda es algo que podrías considerar. Debes probarlo si aún no lo has hecho.

En las siguientes secciones de este capítulo abordaremos algunos conceptos del mundo del marketing en Internet.

Entender lo que significa realmente el marketing en Internet

El marketing en Internet es el término general utilizado para un conjunto de formas de vender productos y servicios a través de Internet. También se conoce como marketing online y marketing web, y a veces como marketing digital.

Para ponerlo como definición...

"El marketing en Internet es el arte de anunciar y comercializar bienes y servicios a través de Internet".

Esto se hace normalmente a través de la colocación de anuncios en sitios web que están en Internet. Estos sitios web varían en función de los productos y servicios que ofrecen. Por lo tanto, los anuncios se colocan en función de los sitios que tienen un contenido similar.

El marketing en Internet comenzó cuando la gente se dio cuenta de que había un gran potencial de marketing en Internet. Así, la gente tuvo que anunciar sus productos y servicios en Internet para conseguir una mayor cantidad de clientela. La mayoría de las personas y empresas que empezaron a comercializar por Internet eran las que se dirigían a la clientela internacional. La publicidad a través de los medios de comunicación impresos y electrónicos en todos los países ha resultado ser engorrosa. También resultó ser una tarea difícil. Sin embargo, con la introducción de Internet, se vio que era posible una solución.

El mundo del marketing en Internet ha florecido en las últimas décadas del siglo XX. Es un mundo relativamente nuevo, pero en los últimos tiempos cada vez más gente se está acercando al concepto.

Ahora bien, hay diferentes formas de ganar dinero a través de Internet. Todas estas técnicas podrían combinarse bajo la definición colectiva de marketing en Internet. La definición también se amplía para incluir todos los diferentes modelos en los que se llevan a cabo los negocios. Teniendo esto en cuenta, existen diferentes tipos de modelos de marketing en Internet.

A continuación se exponen algunas de las formas más comunes de llevar a cabo el marketing en Internet en los tiempos actuales.

A través del comercio electrónico

El comercio electrónico es un método en el que los productos y servicios se venden al consumidor directamente, sin emplear ninguna agencia intermediaria.

Por lo tanto, si está comprando algo a través de un sitio web directamente, entonces está utilizando un sitio web de comercio electrónico. Por lo general, los sitios web de comercio electrónico tienen un diseño típico. Lo más probable es que tengan un catálogo de productos en su sitio web, con descripciones detalladas de todos estos productos. A continuación, tendrán un carrito de la compra. Los productos se seleccionan y se introducen en la cesta de la compra. La función de cesta de la compra se utiliza generalmente cuando hay más de un producto en el sitio web. Al finalizar la compra, se le pedirá que pague sus compras a través de diversos métodos.

Todos los sitios web de comercio electrónico tienen sus propias opciones de afiliación. Tendrás que hacerte una cuenta en estos sitios web para acceder a ellos y luego usar tu información de acceso para iniciar sesión cada vez que quieras hacer una compra a través de estos sitios web.

En la actualidad, los sitios web de comercio electrónico son bastante cautelosos en cuanto a sus requisitos de seguridad, especialmente para sus clientes. Esto se debe a que las transacciones monetarias se realizan directamente a través del sitio web. Por lo tanto, necesitan proporcionar métodos como el cifrado SSL, que mantiene la identidad en línea de sus clientes a salvo.

Hay otras variaciones de los sitios web de comercio electrónico. Si un sitio web vende productos a otra empresa, que probablemente los venderá a continuación, también se denomina sitio web de comercio electrónico. Del mismo modo, algunos sitios web de comercio electrónico permitirán a sus clientes vender productos por una cantidad ligeramente superior a otros clientes, obteniendo así un beneficio en las comisiones que pueden ganar.

A través del marketing de afiliación

En sentido estricto, el marketing de afiliación no consiste en la venta directa de ningún producto o servicio. Todo lo que hace un vendedor afiliado es promover un enlace particular en su sitio web, blog u otro lugar similar que posee en Internet, y ganar a través de los clics que son capaces de obtener de los visitantes.

Las personas a las que promocionan se denominan anunciantes, mientras que los propios vendedores afiliados se denominan anfitriones. Los anunciantes suelen pagar a los anfitriones una proporción de las ventas que obtienen de ellos (conocido como modelo de pago por venta) o una comisión directa basada en el número de clics que obtienen (conocido como modelo de pago por clic). Este último es el método más popular de los dos.

Los programas de marketing de afiliación no pueden ser negocios independientes, aunque hay mucho dinero en juego -la mayoría de las veces sin ninguna cuota- para los propios comercializadores. Sin embargo, los anunciantes suelen ser entidades que tienen sitios web de comercio electrónico propios en los que venden un producto o servicio.

Aunque también hay otros modelos predominantes, cuando hablamos de marketing en Internet en el escenario actual, solemos hablar de uno de los métodos anteriores. Si quieres ganar dinero también a través de Internet, tendrás que elegir entre uno de estos métodos, que es sin duda donde está el verdadero dinero.

El marketing en Internet incluye todos los métodos que puede emplear para poner en marcha dichos negocios, así como los métodos que puede utilizar para promocionarlos. De hecho, para cualquier comercializador de Internet, la parte más pesada de sus deberes es llegar a su público objetivo, que se conoce en la jerga del marketing en Internet como nicho. Suelen dedicar mucho tiempo y esfuerzo a llegar a este nicho.

Estos métodos incluyen el propio marketing de afiliación (si se trata de un sitio web de comercio electrónico), y otros métodos como el marketing por correo electrónico, los blogs, el marketing de artículos, la optimización de los motores de búsqueda, el envío de directorios, las redes sociales y muchos otros. Muchos webmasters están tratando con varias opciones de publicidad pagada y gratuita para llegar a su público nicho. La definición de marketing en Internet también incluye todas estas diferentes estrategias de promoción que se utilizan inevitablemente para la promoción de los productos y servicios que los comerciantes de Internet venden.

Las ventajas del marketing en Internet

Algo que se ha hecho tan popular tendrá sin duda muchas ventajas. El marketing en Internet es un concepto muy popular porque ofrece a los vendedores muchas ventajas. Veamos brevemente cuáles son.

1. Es una forma de marketing global. Cuando se promociona algo en Internet, no hay restricciones geográficas. Puede llegar a personas de otras partes del mundo con bastante facilidad. De hecho, muchas de las grandes empresas multinacionales tienen sus sitios web en diferentes idiomas y, de hecho, internacionalizan su contenido (convierten los dólares en libras esterlinas, por ejemplo) para que sus negocios puedan ser bien recibidos también en otras zonas. Si lo que busca es un negocio verdaderamente global, Internet es la mejor manera de conseguirlo.

2. Teniendo en cuenta el alcance que tiene, el marketing en Internet es la forma más barata de publicidad. De hecho, varias de las cosas preliminares que haga no le supondrán ningún gasto. Por ejemplo, no le costará nada escribir un artículo y publicarlo en un directorio de artículos popular con el enlace de su negocio debajo. No te costará nada unirte a una red social como Twitter o Facebook y promocionar tu producto a través de ella. Incluso si quieres construir un sitio web, te costará abismalmente, al menos en comparación con los otros métodos de publicidad que prevalecen por ahí.

3. El marketing en Internet es una de las formas en las que puedes establecer tu credibilidad. Mientras que con la televisión y los anuncios impresos hay que ser inventivo y creativo para captar la atención de la gente, con el marketing en Internet se puede ser todo eso, pero lo más importante es que hay que promocionar utilizando un buen contenido. Este contenido debe ser informativo. Cuando lo haces -escribes un artículo, una entrada de blog, presentas un vídeo, etc.- estás consiguiendo exponerte. La gente entiende que usted sabe lo que hace. Naturalmente, eso aumenta su credibilidad. Tanto si tu producto se vende como si no, existe la posibilidad de que te conviertas en una especie de celebridad de Internet.

4. El otro aspecto del marketing en Internet es que tiene un valor residual. Cualquier otro tipo de publicidad -la mayoría de los métodos offline- tiene un plazo determinado de exposición al público. Una valla publicitaria permanecerá durante un periodo de tiempo determinado. Un anuncio de televisión estará un minuto. Un

anuncio impreso tendrá la vida que tenga la revista o el periódico en el que esté impreso. Sin embargo, un anuncio en Internet puede permanecer para siempre. Algunas formas de publicidad en Internet, como los artículos, los blogs y los vídeos, nunca se borrarán. Las redes que la gente construye nunca se borrarán.

5. A los vendedores online también les atrae el hecho de que pueden llegar directamente a su público nicho. La mayoría de las formas de publicidad offline se promocionan a todo el mundo, y por eso hay tanto despilfarro con ellas. Exponer el producto a mil millones de personas no tiene sentido si la mayor parte de la población no forma parte del mercado. Por ejemplo, es inútil promocionar la ropa para embarazadas a todo el mundo. Con el marketing en Internet, esa publicidad de nicho es posible. Puede promocionar directamente a su grupo objetivo y obtener una respuesta favorable. A los vendedores les gusta el hecho de poder concentrar sus esfuerzos promocionales y obtener una mejor respuesta en el proceso.

6. Otra cosa sobre el marketing en Internet es que, si es necesario, puede ser un proceso de una sola persona. Al igual que otros modos de promoción, no es necesario tener un equipo. Puede tenerlo si quiere, pero no es necesario. La mayoría de las personas se sientan en el ordenador de su casa en calzoncillos y en pijama y hacen todas las cosas increíbles que hacen en la promoción de sus productos y servicios en el mundo online. Si quieres ayuda, puedes conseguirla virtualmente. Usted no necesita tener un local de oficina para

manejar su trabajo de marketing en Internet, lo que hace las cosas aún más barato para usted.

7. Cuando lleve un tiempo realizando sus actividades de marketing en Internet, empezará a comprender esta gran ventaja: con el marketing en línea, podrá trazar el progreso de sus tácticas de promoción en términos reales. Puede encontrar términos medibles para cada una de las técnicas que utilice. Por ejemplo, si tiene un blog, puede saber cuántas personas lo han visitado y desde qué partes del mundo. Si pones un artículo promocional, puedes averiguar cuántas personas vinieron a leer el artículo. Si tienes un grupo de personas con las que te relacionas socialmente sobre los productos y servicios de tu negocio, puedes averiguar cuántas personas visitaron tu grupo. Puede averiguar, en términos reales, cuántas personas se inscribieron en una lista que tiene en Internet. Hay muchas formas de obtener una idea precisa del rumbo de su negocio. Esto ayuda a la gente a mejorar constantemente sus métodos de negocio y a conseguir mejores perspectivas.

8. Existen métodos para popularizar su producto de forma muy inteligente cuando se utiliza Internet. Ahora mismo vivimos en un mundo web muy interactivo. Es posible vincular sus métodos de promoción a los comentarios en Internet sobre su producto. Puede compartir enlaces con otros sitios web en los que aparezca su producto, es decir, sus sitios afiliados. Incluso puede hacer vídeos y colgarlos en su sitio web o proporcionar enlaces. Todas estas son formas de que la gente conozca mejor su producto, mucho mejor de

hecho de lo que pueden conocer cualquier producto que sólo se promocione de forma offline.

9. Por último, si le gusta avanzar con los tiempos, el marketing en Internet es el método que debe utilizar sin más. La mayoría de los nuevos vendedores con conocimientos tecnológicos de hoy en día utilizan el marketing online para promocionar sus negocios. Si usted ya está en el negocio, lo más probable es que sus competidores ya estén en el juego. Probablemente ya estén aprovechando las grandes ventajas que ofrece el marketing digital. Usted no quiere quedarse atrás en esta carrera de ratas. No quiere dar a entender a la gente que tiene carencias tecnológicas. Esta es una de las razones más importantes por las que no debe ignorar este método de promoción.

Limitaciones del marketing en Internet

Cuando vemos los enormes beneficios del marketing en Internet, también es importante ver las limitaciones. No hay muchas limitaciones, pero las que hay podrían hacerle recapacitar. En cualquier caso, estas deficiencias del marketing en Internet se aplican universalmente a todos los vendedores, por lo que es un juego uniforme el que estamos jugando aquí.

1. Sus clientes no podrán ver, tocar u oler los productos que usted intenta venderles. No tendrán el factor de primera experiencia que pueden obtener, por ejemplo, en un supermercado. Tendrán

que comprar a ciegas. Para la mayoría de los compradores convencionales, esto puede ser una desventaja.

2. La mayoría de los negocios de marketing en Internet hoy en día no tienen una "cara". Tienen un sitio de comercio electrónico genérico con un producto destacado que está llamando a ser comprado, pero no tienen una personalidad. Esto desanima a algunos clientes en línea a los que les gusta conocer mejor una empresa antes de comprar su producto. En realidad, esto no es un fallo del sistema, sino que es la forma errónea en la que se realiza el marketing en Internet por parte de algunos vendedores. Con un poco de comprensión de su mercado y de la forma en que funciona este mundo, podrá superar este defecto y dar personalidad a su negocio en línea.

3. Un tercer problema es el de la seguridad. La mayoría de la gente sigue sintiéndose insegura al comprar productos por Internet. Sienten que su identidad en línea puede verse comprometida cuando compran algo por Internet utilizando su tarjeta de crédito. Los diversos spammers y emisores de malware de Internet no han facilitado las cosas. Sin embargo, los sitios web de comercio electrónico están haciendo todo lo posible para aumentar la seguridad de su negocio. Con la ayuda de la codificación y otros métodos similares, se han asegurado de que sus clientes tengan una experiencia de compra segura.

En esencia, los inconvenientes del marketing en Internet son menores que las ventajas. Esta es otra de las razones por las que esta tendencia ha calado tan bien. Cuando se comercializa a través de Internet, tiene casi asegurado que podrá vender su producto, porque el mercado es enorme y tiene formas de llegar a su nicho de mercado. Por eso, las pocas limitaciones no deberían disuadirle de liberar el potencial de algo que es tan popular y una herramienta de marketing eficaz.

CAPÍTULO 3: PREPARADOS PARA EL CAMBIO

Uno de los temas de este libro electrónico es que el mundo del marketing en Internet está experimentando un cambio radical. Es muy diferente de lo que era al principio. Los métodos han sufrido un gran cambio.

En este capítulo, veremos cuáles han sido estos cambios. Empezaremos por conocer una breve historia y las tendencias del marketing en Internet, que pueden dar una idea de cómo el mundo del marketing en Internet está preparado para cambiar en el futuro.

Pero la parte más importante de este capítulo es la consolidación del hecho de que el mundo del marketing en Internet es un mundo que cambia rápidamente y para mantenerse al día, tenemos que avanzar con los tiempos.

Preparados para el cambio

Una cosa muy importante que debe saber sobre el mundo del marketing en Internet es que se trata de un mundo que está en constante desarrollo. Los avances que ha dado este mundo en los últimos tiempos son nada menos que asombrosos. Lo que comenzó como una simple estrategia de apoyo a las formas tradicionales de marketing fuera de línea en los años 80, se ha convertido en una industria de pleno derecho que ha tomado todos los métodos de marketing fuera de línea bajo su ala. Es cierto; incluso las empresas multinacionales del mundo confían más en sus modos de marketing online, y consideran el marketing offline sólo como una consolidación de su contraparte basada en Internet.

Todo esto no podría haber ocurrido sin los rápidos cambios que se han producido en el mundo del marketing en Internet en las últimas dos décadas.

Cómo empezó el marketing en Internet

El marketing en Internet tuvo sus primeras raíces a finales del siglo XX. De hecho, a principios de los años noventa de este siglo, se produjo un lento crecimiento del marketing en Internet. En esta época, los sitios web se basaban principalmente en el texto y se utilizaban para dar información sobre un determinado producto o servicio. Los sitios web empezaron a tener impacto porque se podía acceder a ellos desde cualquier parte del mundo.

La primera empresa que lanzó una campaña de marketing en Internet fue Bristol-Myers Squibb. Lanzaron el uso del marketing online oficialmente durante la década de 1990. Se trataba de una empresa con sede en Estados Unidos que inicialmente tenía previsto utilizar la plataforma en línea para dar a conocer a nivel internacional un medicamento llamado "Excedrin". Cuando comercializaba el medicamento, la empresa ofrecía muestras gratuitas a todo aquel que quisiera conseguirlo a través de Internet.

El uso de Internet para hacer marketing empezó a cobrar fuerza después de que la empresa registrara un aumento de unas treinta mil personas en pocos días. Se trataba de personas que se habían incorporado a su lista de clientes en línea. Después de este momento, hubo otras empresas que empezaron a utilizar Internet para comercializar sus productos. Por ejemplo, industrias tecnológicas estandarizadas como IBM y Microsoft empezaron a incorporar sus proveedores y programas de Internet en las campañas de marketing de Bristol-Myers.

Hay algunas empresas que han sido capaces de obtener grandes beneficios con las campañas de marketing online. Yahoo! es la primera empresa que ganó mucho dinero con las campañas de marketing online. El sitio web de Yahoo se convirtió rápidamente en un generador de tráfico. Empezaron a controlar las visitas que cada anuncio recibía de los usuarios en línea. Esto comenzó alrededor de 1997 y para el año 2000, muchas cosas habían cambiado.

La mayoría de las empresas de marketing que se anunciaban en línea tuvieron que ajustar sus ingresos. Lo hicieron porque fueron obligadas por Yahoo a cumplir. Durante este tiempo, la compañía registró una disminución de clientes para las empresas de marketing online. Esto se debió a la llamada "etapa de enfriamiento" de la economía de Estados Unidos.

Gastos utilizados durante los primeros tiempos del marketing en Internet

Los gastos que se emplearon en el marketing de Internet fueron muy elevados a mediados de los años noventa. En 1996 se registró una cantidad de 300.000 millones de dólares destinados a la comercialización en línea. Esta cantidad fue utilizada por los Estados Unidos, Canadá y algunos de los países vecinos de esta región.

Esta cantidad era casi el doble de la que se utilizaba en 1994 para los métodos de marketing tradicionales. Esto significaba que la plataforma de marketing online estaba ganando mucha popularidad en muy poco tiempo. Esto fue sólo el principio, ya que el aumento fue continuo. Cuando la gente de los negocios en casa empezó a usar Internet, el aumento fue alto. A esto le siguió el aumento de usuarios de Internet en Estados Unidos a mediados de la década de 1990.

Tendencias de marketing en Internet

En aquellos primeros tiempos, la promoción se hacía simplemente con un sitio web de comercio electrónico en el que se describía el producto, casi siempre con una imagen. De hecho, la mayoría de estos sitios web de comercio electrónico ni siquiera eran verdaderos sitios web de comercio electrónico porque no tenían opciones para que los clientes pagaran y compraran el producto. Sólo servían para que la gente se familiarizara con el producto, encontrara información sobre él y luego tuviera que visitar una tienda cercana para comprarlo.

Esto fue cambiando poco a poco. Cuando los grandes del mundo financiero se dieron cuenta de la gran oportunidad que había en este mundo, no tardaron en subirse al carro y soltar sus diferentes modos de pago en estos sitios web, convirtiéndolos en verdaderos sitios de comercio electrónico. Así, métodos como el pago con tarjeta de crédito (MasterCard y VISA fueron las primeras en sumarse) y las transferencias bancarias en línea (PayPal y Moneybookers son las más destacadas) se vincularon a los sitios web de comercio electrónico. La gente se dio cuenta de repente de que podía comprar productos directamente en Internet. El marketing en Internet, tal y como se conocía, experimentó grandes avances.

Luego llegaron los años 90 y se impuso el concepto de la Web 2.0. Los vendedores se dieron cuenta de que podían hacer mucho más para dar a conocer sus productos. Podían hacer mucho más para aumentar el factor de visibilidad de sus productos. El comienzo fue el marketing de artículos y, un poco más tarde, los blogs. Los vendedores descubrieron que podían escribir artículos informativos sobre sus productos y servicios, en su mayoría sin nombrar sus productos directamente, y publicarlos en directorios gratuitos y de pago que se encontraban por todo Internet. Descubrieron que al hacerlo atraían a muchos lectores, principalmente a personas que ya estaban buscando información relacionada con su negocio. Estas personas hacían clic en los enlaces que aparecían debajo de los artículos y visitaban los sitios web de los vendedores. Así surgió el concepto de "marketing de nicho".

Con los blogs, se abrió un nuevo mundo interactivo en Internet. Los vendedores se lo pasaron en grande escribiendo lo que sentían sobre el sector en el que trabajaban, y a la gente corriente le pareció algo increíble poder comentar esos "posts". De repente, la línea entre el vendedor y el comprador se desvaneció. Todos estaban en el mismo barco. Los vendedores ya no promocionaban su producto, sino que lo comentaban con sus clientes potenciales. Naturalmente, esto incrementó el respeto que el cliente obtenía de los empresarios y los negocios se multiplicaron.

Mientras el blogging revolucionaba el mundo del marketing en Internet, acercando a la gente y adelgazando la línea entre los promotores y los prospectos, otro concepto muy importante se estaba construyendo. El del video marketing. YouTube ya había hecho su incursión en el mundo y surgieron otros sitios web similares, sobre todo Metacafe, que permitía a la gente publicar vídeos y compartirlos con el mundo. Los comerciantes de Internet vieron aquí infinitas posibilidades. Comprendieron que podían hacer vídeos instructivos e informativos y publicarlos en YouTube y que eso llevaría sus productos a todo un nuevo grupo de visitantes de Internet. El método funcionó como nada lo había hecho antes. De repente, la gente se quedó boquiabierta por el hecho de poder sentarse en casa y ver prácticamente cómo se utilizaba un producto, se reparaba, se mantenía... lo que fuera. Incluso un producto desconocido ya no parecía desalentador.

Ahora, el concepto de la Web 2.0 empezó a ponerse de moda. Fue a finales de los noventa y un nuevo fenómeno dio a todo este proceso una forma totalmente nueva. Era el mundo de las redes sociales. Aparecieron sitios web como Facebook y MySpace, y luego grupos de redes sociales para empresas más especializados, como Twitter y LinkedIn.

La gente vio que podía hacer sus perfiles aquí. También podían consultar los perfiles de otras personas. Podían conocer a la gente de una manera mucho mejor. Podían comunicarse con quien quisieran. Podían hacer amigos a nivel mundial. Podían compartir información.

Los vendedores de Internet no tardaron en darse cuenta. Lo que les interesó fue el hecho de que podían crear grupos aquí. Rápidamente, los vendedores de Internet crearon páginas de productos y servicios en estas redes sociales y empezaron a crear grupos de personas. La mayoría eran personas que habían optado por saber más sobre su negocio. Por lo tanto, eran un público objetivo.

El marketing viral cobró impulso a través de estas redes sociales. El marketing viral se produce cuando alguien cuenta a un amigo algo que ha utilizado, recomendándole así el producto en esencia. Los vendedores descubrieron que ésta era la mejor manera de hacer llegar sus productos al mayor número de personas del mundo. A través de estos sitios web de redes sociales, en los que la gente charlaba todo el tiempo, podían comercializar sus productos de forma viral como en ningún otro sitio. Ahora se centraban en la calidad para que la gente diera una opinión favorable sobre sus productos y servicios a sus amigos, porque esto es lo que mejoraría su negocio. En esencia, esta nueva tendencia hizo que el mundo del marketing en Internet fuera mucho más estable y fiable.

Junto con esto, surgieron nuevos métodos de marketing y promoción en Internet. Uno de los más notables fue la sindicación. Los vendedores descubrieron que podían colocar sus contenidos en diferentes lugares de Internet, donde podían alcanzar un mayor nivel de popularidad. El concepto de RSS (Really Simple Syndication) también echó raíces.

La gente podía ahora suscribirse a las cosas que le gustaban en Internet, y podía recibir las actualizaciones cuando quisiera. No tenían que visitar el sitio web, sino que se les informaba en su buzón de correo electrónico e incluso se les proporcionaba un enlace para visitar ese lugar concreto y ver la actualización.

Esto ayudó enormemente a los comerciantes de Internet. Antes, la gente visitaba sitios web magníficos, pero se olvidaba de ellos en cuanto hacía clic. Esto ya no ocurre. Si a la gente le gustaba un sitio web, podía suscribirse a sus feeds y ser informada de él cada vez que se produjera una actualización. Era una gran forma de promoción repetida.

El marketing por correo electrónico había comenzado hace mucho tiempo, mientras todo esto sucedía. Se trataba de una modalidad en la que los profesionales del marketing solicitaban permiso a personas interesadas de todo el mundo -principalmente ofreciéndoles contenidos gratuitos como libros electrónicos y membresías en línea- para enviarles correos electrónicos directamente. Estos correos electrónicos serían generados por autorespondedores, y darían un flujo constante de información a estas personas. De nuevo, esta era una gran forma de marketing repetitivo, que aseguraba que la gente siguiera interesada y se convirtiera en clientes al final.

Hoy en día, los vendedores de Internet tienen tantos recursos a su disposición que a menudo no los utilizan todos. La mayoría de ellos se limitan a utilizar algunas de las técnicas y todavía están muy contentos con la forma en que las cosas se dirigen a ellos. Al mismo tiempo, estar abierto a aprender e implementar cosas nuevas es algo que un vendedor de Internet siempre debe mirar.

Cambio de tendencias

El mundo del marketing online ha llegado tan lejos, y todavía está cambiando cada minuto. Hay muchas cosas nuevas que se están implementando cada minuto. El mundo del marketing en Internet de hoy es sobre todo un mundo de prueba y error, especialmente para las personas que acaban de empezar. Están abiertos a hacer cosas nuevas y a analizar cuáles de ellas funcionan para sus necesidades.

Estos cambios de tendencia se deben principalmente a que la base general de consumidores en Internet ha experimentado un cambio radical. La gente quiere que las cosas le resulten más fáciles y quiere saber todo lo posible sobre un producto antes de sacar su plástico.

Los vendedores de Internet de los tiempos actuales saben que es muy importante estar al tanto de las demandas cambiantes de los consumidores y se aseguran de poder darles estas cosas. Saben que la competencia es muy alta en este momento, ya que el mundo entero se ha convertido prácticamente en un mercado único, y esa es la razón por la que están haciendo todo lo posible para dar lo mejor que pueden.

Dado que la intención es que empieces con un negocio de marketing en Internet que te dé grandes beneficios, sería una gran manera de empezar si supieras lo que buscan los clientes de hoy en día. Sea cual sea el negocio que planees, asegúrate de que puedes dar estos beneficios a tus consumidores, porque eso es lo que puede asegurarte un maravilloso ambiente de negocios.

1. Un gran producto

No puedes tener un buen negocio de marketing en Internet si no tienes un gran producto. Su producto (o servicio) es la columna vertebral de todo. Si usted investiga un poco sobre algunos de los productos que se venden en línea ahora mismo, encontrará que casi todos estos productos tienen algo innovador que ofrecer a sus clientes. O bien son un concepto totalmente nuevo o bien potencian su utilidad de alguna manera que no tienen otros productos. Algunos de ellos son simplemente diferentes en su diseño. Sea cual sea el caso, hay algo diferente.

A la hora de diseñar sus productos de marketing en Internet, debe asegurarse de ofrecer esta novedad a su cliente de un modo u otro. Eso es lo que hace que su producto se distinga de los demás.

La segunda cosa importante que tiene que asegurar sobre su producto es que su calidad debe ser de primera categoría. Tiene que asegurarse de que utiliza materiales de la mejor calidad y de que la fabricación en sí es de muy alta calidad. Haga las debidas pruebas de calidad antes de sacar su producto al mercado.

Si se trata de un servicio que intenta promocionar, asegúrese también de lo mismo. El servicio debe ser nuevo de una u otra manera -probablemente para compensar una deficiencia que existe en la industria actual- y debe estar bien pensado. Asegúrese de que podrá prestar el servicio exactamente como lo promete.

2. Una gran reputación

Incluso el visitante más casual de Internet buscará sitios web y lugares de confianza para visitar. Hay tantas opciones disponibles en Internet que esto es bastante comprensible. La gente hoy en día busca calidad, y la suposición general es que una gran reputación significa una gran calidad.

Debes hacer todo lo posible por mantener tu nombre en alto. Consigue una buena reputación para ti. Una forma de hacerlo sería comercializarte a través de lugares creíbles como a través de artículos, blogs y vídeos que puedan convertir tu negocio y tu propio nombre en una marca. Esto imprime su credibilidad. La gente empieza a entender que sabes lo que haces.

Dado que en la actualidad la gente puede publicar libremente reseñas y comentarios sobre las empresas, esta es otra cosa que debería tener en cuenta. Asegúrese de obtener buenas críticas en todo Internet. Nada indica una mejor reputación que las buenas críticas en Internet.

3. Buena relación calidad-precio

Para el cliente medio de Internet, el dinero es importante. De hecho, mucha gente compra por Internet porque puede ahorrar dinero. Esto es posible para los propios vendedores porque tienen menos gastos generales. No tienen que gastar en personal ni en almacenes; incluso puede que no tengan que gastar tanto en el mantenimiento de cuentas y registros porque su software interno lo hace por ellos. Así, los vendedores de Internet pueden vender productos a un precio más barato. Es este incentivo de precio lo que buscan la mayoría de los compradores en línea.

Al mismo tiempo, recuerde que por cada producto barato en Internet, habrá otro que lo venda a un precio más barato. Eso es lo normal en Internet. Pero los clientes exigentes de Internet, que son muchos, siempre buscan el valor del producto. Si su producto tiene un valor establecido y cuenta con buenas opiniones de compradores anteriores, a la gente no le importará gastar unos dólares más por él.

4. Descripciones claras

Los compradores por Internet siempre querrán saber todo lo que puedan sobre el producto. El mundo de las compras por Internet tiene la limitación de que la gente no puede acercarse al producto antes de comprarlo. Por este motivo, las descripciones de los productos deben ser precisas. Los vendedores de Internet tienen el deber -y a veces la obligación legal- de presentar descripciones adecuadas de sus productos, en forma de listas con viñetas o de alguna otra forma objetiva en sus sitios web.

Este requisito es aún más importante cuando el producto es un alimento o un medicamento. Los clientes querrán conocer la lista completa de ingredientes que componen el producto.

Si hay alguna ambigüedad sobre el producto, es probable que se pierdan ventas. Las personas que visitan el sitio web de un producto determinado querrán saber con precisión qué contiene el producto para saber que les será útil.

5. Instrucciones precisas

Esta es otra forma de hacer que su producto sea popular en Internet. Proporcione a la gente todas las instrucciones que puedan necesitar. Esto es especialmente importante si vende algo que es una herramienta mecánica de algún tipo. La gente no sólo debe saber cómo utilizar el producto, sino que también debe ser capaz de ver cómo pueden hacer algunas reparaciones en el producto por sí mismos en caso de una anomalía.

Esto es mucho más fácil hoy en día con la disponibilidad de sitios web para compartir vídeos como YouTube. Ahora, puede poner demostraciones del producto, así como reparaciones de bricolaje, en forma de vídeos en estos sitios web desde los que la gente puede acceder a ellos. Cuando la gente vea que su producto es fácil de usar, o incluso si sólo ve el producto en acción, tendrá más confianza para comprarlo.

6. Garantías de devolución del dinero

Se ha convertido en una tendencia en el mundo del marketing online el dar garantías de devolución del dinero a la gente. Esto es una consecuencia del hecho de que la gente no puede tocar, oler o ver los productos que se encuentran en el mundo del marketing online. Para la mayoría de la gente que compra estos productos, tienen que actuar sobre su fe y nada más que eso.

Esto podría ser terriblemente desventajoso para el comprador si gasta en un producto y luego descubre que no es lo que realmente esperaba. En ese caso, se agradecería una garantía de devolución del dinero.

Diferentes vendedores de Internet tienen diferentes políticas de devolución de dinero. La mayoría de ellos ahora mismo ofrecen una devolución del 100% del dinero sin hacer ninguna pregunta. Debido a esto, los clientes han comenzado a buscar tales garantías en todo lo que compran.

7. Gran apoyo

Cuando se compran productos en Internet, se requiere un gran apoyo. Debe haber un equipo de asistencia que trabaje para resolver cualquier duda del cliente, antes y después de la compra. Se les busca para responder a cualquier pregunta antes de realizar la compra y para el uso adecuado y la resolución de problemas cuando el producto se ha comprado realmente.

En todos los sitios web de comercio electrónico, la información sobre la asistencia técnica suele aparecer en una pestaña aparte. Esta es una forma de impresionar a la gente sobre el tipo de beneficios que pueden obtener en términos de sus servicios durante y después de las ventas. Muchos vendedores de Internet, especialmente los que comercializan sus productos en todo el mundo, ofrecen asistencia 24 horas al día, 7 días a la semana. Pero, la mayoría de ellos todavía manejan el apoyo a través de correo electrónico, que generalmente son contestados dentro de las 24 horas.

8. Una oportunidad para interactuar

Esta es una tendencia muy nueva en el mundo del marketing en Internet, pero ha crecido hasta alcanzar proporciones inmensas. En este momento, la gente busca la oportunidad de interactuar con los vendedores de cualquier producto de marketing en Internet antes de considerar la compra de estos productos. Esto se suele hacer a través de los sitios web 2.0, como las redes sociales y los sitios web de presentación de vídeos, y también a través de los propios sitios web de comercio electrónico.

Les gustaría tener la oportunidad de conocer al vendedor y probablemente incluso interactuar personalmente con él antes de gastar en su producto. A través de los blogs y foros, casi todos los vendedores de Internet tratan de entrar en el campo y hablar con su mercado para que puedan establecer su sello de credibilidad.

Por lo tanto, puede ver que las expectativas de los clientes han aumentado bastante con respecto a las anteriores. Por esta razón, incluso usted, como comercializador de Internet, tendrá que seguir cambiando su juego si quiere encajar bien con las tendencias recientes y dejar su huella en la industria.

CAPÍTULO 4: LA FUERZA MOTRIZ DEL MARKETING EN INTERNET

¿Qué es lo que hace que el mundo del marketing en Internet siga funcionando? ¿Cuál es su combustible, la energía con la que funciona? La respuesta sería la razón por la que miles de millones de personas visitan Internet cada día. ¿Por qué la gente acude a Internet? Necesitamos saber la respuesta a eso para saber qué es lo que hace posible construir todo un mundo de negocios en Internet.

La respuesta es el conocimiento. La gente puede acudir a Internet por varias razones, pero la que realmente hace que el mundo de Internet siga funcionando es la búsqueda de conocimiento.

La mayoría de la gente viene aquí para saber algo, ya sea para conocer el tutorial de la última entrega de Call of Duty o para saber cómo instalar una bomba de sumidero en su fábrica.

Lo mejor es que Internet nunca decepciona a ninguna de estas personas en su búsqueda de conocimientos, por muy diferentes que sean sus peticiones. Siempre les dice lo que les gusta saber, y de forma muy eficaz.

Puede que tú también hayas utilizado Internet en varias ocasiones para averiguar algo. Pero, una cosa de la que tal vez no te hayas dado cuenta en ese momento -y esa cosa puede estar gritándote ahora mismo- es que cuando buscabas esa información, algún que otro producto se promocionaba ante ti. Fuiste parte de una gran estrategia promocional, y eso se convierte en una de las piedras angulares sobre las que se sostiene el mundo del marketing en Internet.

El mantra básico del marketing en Internet es que hay que dar a la gente información, y darles un producto en el proceso. Hágales partícipes de su negocio. Esto es lo que la mayoría de la gente busca de todos modos. No les importa la venta dura si obtienen la información que desean.

En este capítulo, vamos a entrar en los detalles de cómo funciona esto. Vamos a ver qué busca el usuario medio de Internet y qué mentalidad tiene cuando utiliza Internet.

Este es un capítulo muy importante para usted, porque si quiere convertirse en un vendedor de Internet de éxito, es importante que sea capaz de profundizar en el subconsciente de la mente de sus clientes potenciales.

La fuerza motriz del marketing en Internet

Antes de entrar en los trucos y técnicas que funcionan en el mundo online, sería una gran idea entender primero la mentalidad que funciona aquí. En el capítulo anterior, vimos lo que busca el cliente. Parece que le gustan demasiadas cosas, pero al final del día, sólo hay una cosa que realmente motiva al cliente online hoy en día. Y es la información.

La información puede considerarse, con razón, la fuerza motriz del marketing en Internet hoy en día. Es la información lo que la gente busca, y es la información lo que les impulsa a comprar un producto.

Hay muchos ejemplos en los que la gente ha estado buscando información sobre cómo facilitar una determinada tarea y luego se ha topado con algún producto que hace eso por ellos. Investigan un poco sobre ese nuevo producto, leen reseñas, miran vídeos y, si les gusta todo, puede que incluso interactúen con los vendedores del producto. Eso es... esto puede llevar eventualmente a una venta. Un producto totalmente nuevo que el mundo aún no conoce del todo acaba vendiéndose sólo porque alguien estaba buscando información.

Por eso hay que centrarse en proporcionar información. Esa es una de las formas más profundas de aumentar las ventas en el mundo online ahora mismo.

¿Qué tipo de información?

Información basada en texto

Antes, lo único que se necesitaba era información basada en texto. Esta información se ofrecía en forma de contenido básico del sitio web. Los vendedores publicaban los artículos en sus propios sitios web y, si a la gente le gustaban, obtenían el enlace para comprar el producto de inmediato. En los tiempos actuales, usted tiene la opción de colocar información basada en texto en los directorios de artículos también. Aquí están 10 de los directorios más populares del artículo donde usted puede poner para arriba la información sobre su producto o servicio:-

→→EzineArticles (http://www.ezinearticles.com/) Articles Base (http://www.articlesbase.com/→) Article City (http://www.articlecity.com/)

→ Article Alley →(http://www.articlealley.com/) Buzzle (http://www.buzzle.com/)

→ iSnare (http://www.isnare.com/)

→ Go Articles (http://www.goarticles.com/)

→ Contenido asociado →(http://www.associatedcontent.com/) Amazines (http://www.amazines.com/)

→ Directorio de artículos (http://www.articledirectory.com/)

Se trata de directorios de artículos que aceptan contenido general. Sin embargo, si usted está buscando algún tipo de contenido específico para publicar, entonces usted podría considerar lo siguiente:-

- → eHow (http://www.ehow.com/) - Este directorio se especializa en contenidos sobre cómo hacer las cosas, artículos de bricolaje, cosas así.

- → HowStuffWorks (http://www.howstuffworks/) - Se trata de un directorio de artículos sobre las razones científicas de por qué funcionan las cosas.

Si lo que buscas es una experiencia más interactiva en la que la gente pueda compartir y distribuir tus artículos con sus amigos de la mejor manera, entonces deberías echar un vistazo a estos sitios web:

→ Knol (http://knol.google.com/)

→→HubPages (http://www.hubpages.com/) Squidoo (http://www.squidoo.com/)

→ Helio (http://www.helium.com/)

→ Bukisa (http://www.bukisa.com/)

→ SearchWarp (http://www.searchwarp.com/)

→ Panel de control de artículos (http://www.articledashboard.com/)

¿Por qué son tan populares estos lugares? La razón radica en el hecho de que la gente puede obtener aquí la información que desea. Todos estos directorios tienen sus pestañas de búsqueda fácil donde puedes escribir lo que quieras y puedes encontrar información. Como comercializador de Internet, puedes aprovechar esto en tu beneficio. Usted puede poner artículos sobre temas que la gente quiere leer. Todos estos directorios tienen una clasificación SEO superior, lo que significa que aparecerán automáticamente en los resultados de los motores de búsqueda sin que la gente tenga que buscarlos por su nombre. Por lo tanto, si su artículo tiene las palabras clave adecuadas, es suficiente para que aparezca en la parte superior de las páginas del motor de búsqueda. La gente los leerá y, si les gusta lo que has escrito, harán clic en el enlace de tu negocio y lo visitarán.

Al fin y al cabo, recuerde que lo que atrae a la gente en Internet es el conocimiento y la información. Tiene que asegurarse de proporcionarles estas necesidades básicas. Si eres capaz de hacerlo, con alta calidad, entonces puedes estar seguro de un flujo continuo de tráfico a tu negocio online.

Otra forma de utilizar el marketing basado en texto es a través de los blogs. Puedes crear un blog para ti utilizando el siguiente recurso:- Blogger.com (http://www.blogger.com/)

Sin embargo, si lo que buscas es un blog más profesional, a través del cual puedas dirigir un negocio, entonces es posible que quieras tener un blog a través del siguiente recurso:-

---

Wordpress.com (http://www.wordpress.com/)

Ambos recursos son estupendos para empezar con tu blog. No hay curva de aprendizaje con Blogger en absoluto; sólo con Wordpress es posible que tengas que pasar por un poco de entrenamiento hasta que estés configurado. En cualquier caso, estas dos plataformas de blogs pueden ayudarte a convertirte en un gran bloguero con bastante facilidad.

Los blogs son excelentes para dar información porque puedes publicar en ellos. Estos posts pueden contener tus opiniones sobre tu sector, lo que ayuda a establecer tu credibilidad en el mundo online. Usted le dice a la gente lo que sabe sobre el producto o servicio que está tratando y ellos, a cambio, le dicen lo que piensan. Los blogs son lugares en los que la gente puede poner sus comentarios y observaciones sobre lo que usted escribe; por lo tanto, son un portal verdaderamente interactivo que le ayuda a acercarse a sus clientes.

Un blog de éxito es aquel que se actualiza constantemente. Es un lugar en el que se publican artículos con regularidad, para que la gente pueda leerlos y dar su opinión si es necesario. Hay que tener en cuenta que un blog actualizado con regularidad también es visto con buenos ojos por los motores de búsqueda. Cuando se publican artículos con regularidad, esto también cuenta para una buena optimización de los motores de búsqueda.

Información en vídeo

En los últimos tiempos, aunque la información basada en texto sigue siendo bastante popular, la gente confía más en la información basada en vídeo para sus necesidades. Este tipo de información es cada vez más popular porque puede mostrar a la gente visualmente lo que está buscando.

Por ejemplo, si vende una máquina purificadora de agua para el hogar, le vendría muy bien mostrar una demostración del producto en un vídeo corto en lugar de un artículo. El artículo tiene sus propias ventajas, pero el vídeo crea un atractivo visual para el producto. La gente puede ver el vídeo y entender de inmediato lo que usted está tratando de decirles. Por lo tanto, un vídeo puede causar un mayor impacto en el público en general.

El mayor recurso para distribuir información basada en vídeos es YouTube. Puedes hacerte una cuenta gratuita aquí:- http://www.youtube.com/

Una vez que tengas tu cuenta aquí, estarás listo para subir vídeos. Con YouTube, se aceptan fácilmente vídeos de la mayoría de los formatos. Sólo tienes que crear un vídeo con tu cámara digital o videocámara y luego subirlo directamente a Internet. Este vídeo tiene una limitación de tamaño, que depende de la calidad del vídeo, pero puedes hacer fácilmente un vídeo de 10 minutos si quieres y colgarlo en YouTube. Es tiempo más que suficiente para contar lo que quieres contar. En cualquier caso, hay gente que hace vídeos de sólo 1 minuto y genera un impacto absolutamente fuerte en el mercado con sólo esos.

YouTube no es el único sitio web de marketing de vídeo que existe en la actualidad. Hay muchos otros, aunque ninguno de ellos es tan popular como YouTube. A continuación se indican otros tres que pueden utilizarse para sus fines de marketing.

→   →Metacafe   (http://www.metacafe.com/)   Revver (http://www.revver.com/)

→ Viddler (http://www.viddler.com/)

En todos estos sitios web de presentación de vídeos, se le permite publicar sus vídeos de marketing. YouTube es, por supuesto, más especial que los demás. Tiene más características que otros sitios web. Una de las características especiales más sorprendentes que tiene YouTube es que te permite publicar el enlace de tu negocio en el propio vídeo y hacer que se pueda hacer clic en él. Así, cualquiera que vea tu vídeo puede hacer clic en un enlace dentro del propio vídeo y visitar el sitio web de tu empresa, que se cargará en segundo plano.

Otra especialidad de estos sitios web de envío de vídeos es que permiten a la gente publicar comentarios sobre los vídeos y compartirlos con sus amigos. La función de comentarios es ciertamente muy útil. Ayuda a mantener tu vídeo en el punto de mira. También ayuda a que se haga clic en el enlace del vídeo con regularidad, y lo mantiene actualizado, debido a lo cual los motores de búsqueda comienzan a ver sus enlaces de vídeo más favorablemente.

Con YouTube, también puedes crear un canal para ti. En este canal, puedes seguir enviando varios vídeos sobre tu negocio. Cuantos más vídeos envíes, más popular te harás y más posibilidades tendrás de exponer tu producto al público. Hay vendedores que hacen series de vídeos. Por ejemplo, si quieren explicar cómo utilizar una aplicación de software que han desarrollado, no necesitan hacerlo todo en un solo vídeo. Pueden hacer una serie y publicarlos todos en YouTube.

El software interno de YouTube muestra inmediatamente a las personas que les gusta un vídeo el otro vídeo de la lista. Esta es una gran manera de mantener a una persona pegada a la información que estás tratando de darle. Si alguien está realmente interesado, verá todos tus vídeos y quedará totalmente impresionado por ti, y puede visitar el enlace de tu empresa con la intención de hacer negocios contigo.

Al fin y al cabo, es información lo que hay que dar si se quiere alcanzar los niveles de superpopularidad en Internet. La mayor parte de las personas que visitan Internet lo hacen porque están buscando algo. Puede que no estén interesados en comprar algo de inmediato, pero el marketing en Internet es un ámbito de venta suave. No se le pide a alguien que compre un producto o servicio de inmediato, porque ese tipo de publicidad descarada nunca serviría en Internet. En lugar de eso, trabajas para despertar el interés de tu público en el producto o servicio que intentas vender. Si eres capaz de enganchar la atención de la gente a niveles realistas, entonces estas personas se convertirán en tus clientes en algún momento del futuro.

Por qué el video marketing funciona mejor que el marketing de texto

La mente humana tiene tendencia a visualizar las cosas. Cuando alguien piensa en algo, su mente empieza a visualizarlo. Por eso es una buena idea producir un vídeo con fines de marketing para captar la mente de todos en lugar de utilizar un simple texto.

Hoy en día, el mundo se basa en ayudar a la gente a ver algo con sólo pulsar un botón. No todo el mundo tiene paciencia para leer anuncios basados en texto. Los vídeos no sólo son atractivos, sino que también consumen menos tiempo. Por ejemplo, se tarda mucho más en leer un mensaje de texto, ya sea en forma de entrada de blog o de artículo, que en ver un anuncio rápido en vídeo.

Además, a mucha gente le gusta ver las cosas antes de leerlas. Por ello, el marketing mediante vídeos se ha hecho muy popular hoy en día. La mayoría de los vendedores consideran que el marketing por vídeo es una ventaja para su negocio.

El video marketing puede crear un gran impacto en la mente de las personas que el marketing basado en texto. Por eso, la mayoría de los anunciantes convencionales y online optan por los videoclips. Sin embargo, estos videoclips sobre el producto objetivo no provocarán la compra inmediata del producto, pero puede difundir su mensaje de marketing a su público objetivo.

¿Qué es más creíble? Por supuesto, las cosas que se pueden ver delante de los ojos son más creíbles que los textos estáticos.

Beneficios del vídeo marketing

- En el caso del marketing en Internet, los videoclips pueden utilizarse para compartir las opiniones de los consumidores sobre el producto y, de este modo, dar a conocer el nombre de la marca.

- ¿Cree en un texto estático o en un videoclip que demuestre el funcionamiento del producto? La respuesta es sencilla; las diferentes dudas sobre el producto se pueden despejar viendo el propio videoclip.

- El vídeo marketing crea un beneficio "a la carta" para los espectadores, ya que los vídeos pueden verse en cualquier momento en lugar de un texto aburrido.

- La gente recuerda y memoriza mejor los vídeos y los sonidos que el texto estático. Esto les atrae más que el anuncio de texto.

- Los vendedores en línea prefieren los vídeos de marketing en Internet para atraer a la gente a visitar su sitio web.

- Un informe reciente muestra que en el año 2009, el tiempo que los estadounidenses dedicaron a ver los videoclips fue de hasta el 34,9%.

- Millones de personas visitan a diario sitios para compartir vídeos como Metacafe, YouTube, etc. Por lo tanto, un anuncio en vídeo al que accedan estas personas puede garantizar el negocio.

Para que el video marketing triunfe en el mercado, lo primero que hay que tener es un excelente videoclip que pueda impactar en la mente de la gente. El vídeo debe ser preciso y muy relevante para su producto. Los vídeos en línea son cada vez más populares, ya que ayudan a atraer al máximo número de clientes en todo el mundo. El vídeo en línea es, sin duda, la forma más rentable, ya que es barato y llega al cliente objetivo más rápidamente que los anuncios de televisión.

Por qué los vendedores de vídeo están prestando gran atención a YouTube

En el conocido sitio web para compartir vídeos YouTube, la gente puede subir y ver todas las categorías de vídeos. Es el segundo motor de búsqueda de la web y cada mes se ven unos 10.000 millones de vídeos. Cada día, cientos de vídeos son cargados y vistos por muchas personas en todo el mundo. En el sitio, esos videoclips están disponibles en la página de inicio, que es la que ocupa los titulares.

Debido a esto, la mayoría de los vendedores de Internet hoy en día están haciendo uso de YouTube para subir sus anuncios para atraer a los espectadores a su sitio. Lo hacen con el fin de obtener un alto ranking de páginas de Google para su sitio web. Esto muestra claramente que la estrategia de negocio clave de la mayoría de los vendedores de Internet es la comercialización de vídeo.

La mayoría de los vendedores de Internet creen que YouTube es una excelente manera de generar enlaces gratuitos y el tráfico a su sitio web. También creen firmemente que se pierde un gran paso para construir su negocio si no está utilizando la estrategia de marketing de YouTube.

Puede ser una tarea que requiera mucho tiempo para realizar marketing en Internet utilizando vídeos de YouTube. Pero la mayoría de la gente sigue utilizando el marketing de YouTube para ampliar su negocio.

Mucha gente utiliza los vídeos como fuente de entretenimiento, pero también se ven muchos vídeos para buscar ayuda e información. Cada mes se realizan más de 30 millones de búsquedas de vídeos de "cómo hacer". Esto significa que hay unos 30 millones de oportunidades para que los vendedores lleguen a sus clientes objetivo.

La mayoría de los vendedores prestan gran atención al marketing de YouTube, ya que es menos complicado y famoso por igual entre los mayores y los jóvenes. Y definitivamente promueve su sitio web y el negocio mediante la conexión con la gente de todo el mundo. Aquí están las razones por las que la mayoría de los vendedores de Internet dan gran atención a la comercialización de YouTube.

- Los mensajes de marketing son más claros en los vídeos que en los mensajes de texto.
- Los clientes objetivo tienen la oportunidad de ver los vídeos libremente que los medios de comunicación de pago
- El comercializador tiene el control total del mensaje de marketing
- Los vendedores pueden proporcionar mucha información utilizando el video marketing
- Los informes muestran que más del 50% de los estadounidenses pasan la mayor parte de su tiempo viendo vídeos online. Por lo tanto, la mayoría de los vendedores aprovechan esta oportunidad para atraer a muchos espectadores.

- La mayoría de los vendedores de Internet están añadiendo videos de marketing de Youtube en su página web para generar tráfico a sus sitios web.

La mayoría de los vendedores creen que si los espectadores lo encuentran interesante y se quedan más tiempo en su sitio, entonces hay más posibilidades de aumentar sus ventas. El marketing en YouTube es una tendencia muy común que tiende a crecer cada vez más. La idea detrás de esto es atraer a su cliente para que haga clic en su página web. No obstante, los responsables de marketing deben recordar que deben ofrecer información relevante, breve y útil en el vídeo. Es por estas razones que los vendedores de Internet se centran en los vídeos de marketing de YouTube que a su vez genera o aumenta el tráfico y las ventas a su negocio.

CAPÍTULO 5: LIBERAR EL PODER DE LAS REDES SOCIALES

Las redes sociales son el fenómeno que definió toda la década pasada y siguen vigentes. La mayoría de las personas del mundo que acceden a Internet con regularidad están en Facebook, MySpace, Twitter, LinkedIn o en los diversos sitios web de redes sociales que se utilizan popularmente en el mundo. Lo más probable es que usted también esté presente en estas redes.

Los profesionales del marketing han comprendido, con razón, el increíble potencial comercial de estos dominios. Se han dado cuenta de cómo pueden aprovecharlos y crear toda una banda de seguidores dedicados a su negocio.

Aquí echamos un vistazo a los mejores sitios web de redes sociales que tenemos y cómo se pueden utilizar para promover nuestros deseos de marketing en Internet.

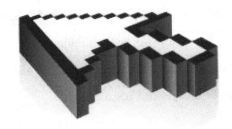

Liberar el poder de las redes sociales

Si ha leído hasta aquí, habrá comprendido una cosa importante sobre el mundo del marketing en Internet. En una palabra, es el cambio. El mundo del marketing en Internet sabe cambiar a cada instante. Analiza minuciosamente lo que pide la gente y se lo da. Comprende las tendencias del mercado de forma constante y trata de averiguar lo que realmente despierta el interés del público.

En estos momentos, no sería erróneo decir que el mundo pertenece a las redes sociales. Esto es cierto al menos en las zonas urbanas del mundo, donde Internet ha proliferado como un reguero de pólvora. Casi todo el mundo -desde el alumno de quinto curso hasta el empresario- habla de estar en una u otra red social. Se les encuentra codeándose entre ellos, y el mundo se ha vuelto de repente mucho más pequeño gracias a la presencia de estos sitios web de redes sociales.

Es cierto. Personas que hasta hace 10 años no tenían un contacto estrecho son ahora amigos íntimos porque comparten sus gustos y disgustos en un portal de redes sociales. La línea entre el empleado y el empleador también se ha diluido de repente porque ambos pueden estar jugando a Farmville en Facebook cuando no están trabajando. También es posible que un estudiante dé consejos a un profesor sobre algo en lo que es experto, de nuevo a través de una red social.

Si esto no es un cambio revolucionario, ¿qué lo es?

Y, si se están produciendo cambios tan importantes en el mundo de Internet, ¿se puede dejar atrás el ámbito del marketing en Internet? Desde luego que no. Los gurús del marketing en Internet hace tiempo que comprendieron el gran potencial de sitios web como Facebook, Twitter, MySpace, LinkedIn, WAYN, Hi5, Orkut y otros, y no sólo se han hecho perfiles en ellos, sino que han creado comunidades enteras de personas interesadas en sus productos.

En estas redes sociales no paran de surgir negocios. A veces se realizan de forma subrepticia sin que el resto del grupo se entere de lo que ocurre, mientras que otras veces la promoción es bastante pública y todos los miembros del grupo entienden que hay algo en marcha. La gente sabe que está siendo comercializada en estos sitios web de redes sociales, pero aun así su atractivo es demasiado fuerte como para dejarlo pasar.

Beneficios de las redes sociales

Entonces, ¿por qué estas redes sociales tienen tanto éxito en el mundo del marketing en Internet hoy en día? He aquí las razones.

1. La primera razón -y probablemente la más importante- es la atracción que ejerce el fenómeno de las redes sociales en el mundo actual. Casi todo el mundo se relaciona socialmente con todas las personas que conoce, e incluso con muchas otras que no conoce. Lo mejor es el factor de diversión que conlleva. Cuando se relacionan con alguien, no piensan en nada más que en una comunicación casual. A la experiencia de diversión se suman las diversas actividades

que están presentes en estos sitios web, como Facebook con sus diversas aplicaciones. Esa es la razón por la que la gente se agolpa aquí. Quieren estar en contacto con sus amigos y divertirse con ellos. Los sitios de redes sociales se han convertido ahora en el equivalente virtual de pasar el rato con los amigos. Los vendedores pueden aprovechar esta mentalidad. Ya que estas personas se agolpan aquí por el factor de la diversión, ¿por qué no comercializar algo para ellos mientras lo hacen? Funciona... mucha gente se entera de algo y luego decide mirarlo más de cerca.

2. Los sitios web de redes sociales también son un gran lugar para el marketing viral. El marketing viral es cuando la gente recomienda un producto o servicio a su grupo de amigos. Puede que lo hagan con la única intención de contar algo útil a su amigo y no tengan ninguna intención de marketing en mente. ¿No lo hemos hecho nosotros también a menudo? Cuando leemos un buen libro, lo recomendamos a otros. Al hacerlo, no ganamos nada, pero es nuestra naturaleza humana compartir las cosas que nos gustan. Eso es exactamente lo que buscan los vendedores de Internet aquí. El potencial es inmenso. Si hay un buen producto que circula en un grupo social, se hablará de él bastante rápido y el producto puede ponerse realmente de moda. Los expertos creen que el marketing viral es la mejor forma de marketing en este momento porque la recomendación de un amigo puede significar más para la gente que cualquier otra cosa.

3. La otra gran ventaja de las redes sociales es que se pueden crear grupos de nicho muy rápidamente. La mayoría de ellos cuentan con motores de búsqueda propios en los que se puede encontrar a

personas a través de palabras clave relevantes. Puedes averiguar lo que les interesa a estas personas y, si tu producto o servicio está relacionado con lo que les interesa, puedes añadirlos a tu grupo o comunidad, o puedes enlazar con ellos de cualquier otra forma que te permita el sitio web de la red social. Una vez establecido esto, tienes una buena oportunidad de informar más a la gente sobre tu producto e interesarla en él. Es muy probable que estas personas se interesen por lo que usted intenta venderles.

4. Las redes sociales también ayudan a crear un mejor tráfico en Internet. Puedes conectar con personas que ya tienen sus propios grupos. Por lo tanto, cuando te conectas con una persona, en realidad estás construyendo una posibilidad de conectar con todo su grupo. En los negocios, los números definitivamente importan. Si haces que tu producto sea visible para un gran número de personas, estás aumentando fácilmente tu posibilidad de generar ventas.

5. Una ventaja esencial -aunque no sea aplicable a todo el mundo- es que ayuda a aumentar las posibilidades de llegar a su mercado objetivo local. Si está intentando vender un producto en una zona local concreta, el marketing local es importante para usted. Las redes sociales ayudan porque se puede conectar con la gente de la zona, lo que aumenta las posibilidades de que visiten una tienda local y traten de adquirir el producto o servicio que se está tratando de promocionar.

Los 5 mejores lugares para las redes sociales

Si está buscando construir su marca y su negocio a través de las redes sociales, entonces debería considerar los siguientes lugares importantes para promocionar sus productos.

1. **Facebook** - Es sin duda el sitio web de redes sociales más popular en la actualidad, con un enorme alcance mundial. Hay millones de personas de todo el mundo que se conectan continuamente a través de Facebook. Si estás buscando un lugar donde puedas encontrar el mayor número de personas con las que conectarte, y posibilidades de conectar con sus amigos también, entonces Facebook es el lugar que debes considerar. Al mismo tiempo, ayuda mucho que las personas que visitan Facebook lleguen allí con la mente abierta. Su intención es divertirse. De hecho, algunas de las aplicaciones de Facebook como Farmville, Social City y Mafia Wars se han hecho inmensamente populares. Cuando la gente viene con una mentalidad abierta como esa, hay posibilidades de que sea más receptiva a lo que tienes que decirles.

2. **MySpace** - La popularidad de MySpace ha disminuido a lo largo de los años, especialmente debido a la dura competencia de Facebook, pero sigue siendo una fuerza a tener en cuenta. Lo mejor de MySpace es que puedes encontrar fácilmente a personas con un interés particular. Si estás intentando promocionar un producto aquí, entonces las cosas se vuelven más fáciles para ti debido a esta característica. Hoy en día,

MySpace sigue siendo bastante grande entre los ciudadanos estadounidenses, pero está prácticamente ausente en la mayoría de las demás partes del mundo... eso es algo que también hay que tener en cuenta.

3. Twitter - Twitter es una especie de microblog en el que varias personas pueden publicar comentarios actualizados en cualquier momento. Este era un concepto muy nuevo de red en ese momento y aún no se ha duplicado. En Twitter puedes decir cosas cortas que quieres que tu gente conozca. Esto se conoce como tweets. Puedes publicar tus propios tweets, así como leer los tweets de otras personas. Si te gusta alguien, puedes seguirlo. Si alguien deja de gustarte, puedes dejar de seguirlo. Esto es genial para tu negocio. Si alguien está impresionado con lo que usted está tratando de venderle, entonces puede seguirlo para que sepa más sobre él.

4. **Flickr** - Flickr es diferente porque es un sitio web para compartir fotos. De nuevo fue un concepto pionero cuando se lanzó -el concepto de poder compartir fotos era algo nuevo- y aunque ha sido muy imitado, Flickr sigue siendo el original. Flickr te ayuda a hacerte una cuenta en el sitio web y luego puedes cargar tus fotos. Puedes publicar fotos de tus productos como medio de promoción. Si a la gente le gustan tus fotos, se conectarán contigo. Puedes impresionarles con las imágenes de tus productos y entonces querrán saber más sobre ti.

5. **Digg** - Digg es otro concepto relativamente nuevo que se ha puesto de moda. Con Digg, puedes publicar tu propio contenido,

que suele ser algún artículo de noticias o algún medio de comunicación. Cuando a la gente le gusta, puede diggearlo, lo que les permite publicar sus comentarios sobre el contenido o darle una calificación. El contenido con el mayor número de diggs es el más popular y es visto por un gran número de personas. Si lo piensas bien, es una forma maravillosa de dar a conocer tu producto.

Aparte de estos, aquí hay otros lugares de redes sociales realmente populares y eficaces en los que puedes poner tu contenido. Se trata de lugares en los que la gente puede encontrar tu contenido, e interactuar con él de diversas maneras, mejorando así tu negocio de varias formas.

6. StumbleUpon
7. FriendFeed
8. Del.icio.us
9. Diigo
10. eKudos
11. BlogMarks
12. LiveJournal
13. Bebo
14. BlinkList
15. Evernote
16. Google Buzz
17. Google Reader
18. JumpTags
19. Ning

20. Newsvine

21. Netvouz

22. NetVibes

23. N4G

24. Mixx

25. MyLinkVault

26. Señor Wong

27. Ping.fm

28. Plurk

29. PrintFriendly

30. Punto de barra

31. Squidoo

32. Twittley

33. BuzzUp!

34. TechMeme

35. Hélice de AOL

Intenta popularizar tu contenido en todos estos sitios si puedes. Estarás construyendo una increíble base de espectadores para tus artículos y podrás llegar realmente a tu público nicho.

CAPÍTULO 6: CONSEGUIR Y RETENER CLIENTES: LOS NUEVOS MANTRAS

El nuevo mundo de Internet no consiste únicamente en conseguir clientes. En estos momentos, la atención se centra en retener a los clientes que ya se tienen. Incluso mientras crean estrategias para atraer a nuevos clientes, los vendedores de Internet intentan constantemente mantener también el interés de sus antiguos clientes.

En este capítulo, veremos la importancia de esto y, a continuación, veremos las distintas formas en las que se pueden emplear fácilmente estas estrategias de retención de clientes.

Conseguir y retener clientes: los nuevos mantras

A lo largo de su existencia, el mundo del marketing en Internet se ha visto reforzado por los diversos cambios que se han producido en él. En los últimos tiempos, los cambios han sido inmensamente positivos. A medida que crece la popularidad de este tipo de marketing, los comerciantes descubren que hay cada vez más formas de mejorar sus perspectivas de negocio.

Los vendedores de Internet se han dado cuenta ahora de que la forma más profunda de atraer a los clientes es haciéndose populares en todo Internet, sin dejar ningún margen de ambigüedad. La gente debe conocer su negocio de cerca; así es como pueden dirigir más negocio hacia ellos. Ahora mismo, los vendedores de Internet intentan aumentar sus ventas dando a la gente todo tipo de información sobre sus productos y servicios. Para ayudarles, Internet les ha proporcionado varios recursos para que puedan ponerse en contacto con su base de clientes de una manera mucho mejor.

En los últimos capítulos hemos visto cómo la gente puede acercarse a su mercado potencial utilizando diferentes métodos, que van desde artículos a vídeos o métodos de redes sociales. Los profesionales del marketing utilizan todos estos métodos y más para conseguir sus clientes.

Pero, además de conseguir clientes, es muy importante retenerlos. Esto es aún más importante en el mundo del marketing en Internet, donde cada cliente se considera especial y se atesora. Además, como los vendedores de Internet no esperan un flujo constante de clientes todo el tiempo, apuestan por la repetición de los negocios. Hay muchos casos en los que la misma empresa vende productos y servicios a los mismos clientes, y también en los que los productos de los socios afiliados se promocionan a los clientes para que puedan seguir haciendo negocios más adelante.

Todo esto se debe a la tendencia del vendedor de Internet a crear una base de clientes. Con los medios de varios recursos como los autorespondedores y los maravillosos servicios de posventa, etc., los vendedores de Internet siempre intentan retener a sus clientes. Esto es lo que les ayuda a subsistir en este mundo tan competitivo.

Para entenderlo mejor, veamos algunas teorías de la nueva era que los vendedores de Internet mantienen en el centro de sus negocios.

"Los clientes deben venir a los vendedores, no al revés".

Si se ha alimentado de las estrategias de marketing de la vieja época, le resultará muy difícil digerirlas. Antiguamente, llegar a los clientes significaba hacer llamadas en frío o ventas puerta a puerta o hacer publicidad en sus salones a través de televisores y periódicos, independientemente de si querían o no esas intrusiones.

Naturalmente, este tipo de publicidad era aborrecida. A la gente no le gusta que le vendan, y a la mayoría de las empresas les resultaba muy difícil superar el nivel de mediocridad.

Hoy en día, el concepto de marketing ha dado un vuelco. La razón es que ahora los vendedores no van a los clientes, sino que los clientes vienen a ellos. Internet lo ha hecho posible. Ahora los vendedores de Internet envían un artículo a un directorio o escriben una entrada en un blog o envían un vídeo o publican un comentario en una red social. En ninguno de estos casos anuncian su producto o servicio de forma descarada. No hay ningún tipo de intrusión. No se invade la privacidad de nadie.

Las personas que buscan información encontrarán automáticamente todos estos contenidos. Buscarán utilizando una palabra clave y encontrarán estas cosas en los resultados del motor de búsqueda, donde las visitarán.

Así que, en efecto, el vendedor no ha llamado al cliente de forma directa, sino que el cliente ha acudido al vendedor. Esta es una forma muy digna de hacer publicidad, y los resultados también son mejores. Si la gente viene buscando un producto, es más probable que lo compre. No hay sensación de que se les venda, por lo que incluso el cliente se siente digno de hacer la compra.

"Los clientes deben obtener el mejor valor".

Este es el mantra de todos los vendedores de Internet en este momento. Todos los profesionales del marketing tienen como punto importante en su agenda ofrecer a sus clientes lo mejor que puedan. Esto se ha vuelto aún más importante a raíz de toda la competencia que impera en Internet. Basta con buscar cualquier producto al azar -como botas de piel, por ejemplo- y seguro que encontrará cientos de opciones. ¿Qué es lo que hará que un cliente acuda a usted entonces?

Hay muchas maneras de hacerlo, y ya hemos hablado de muchos de los métodos de promoción que pueden funcionar en esta época, pero lo más importante sigue siendo la creencia más tradicional...

"Si das a los clientes una buena relación calidad-precio, entonces llamarán a tu puerta más de una vez".

Esto es lo que los modernos vendedores de Internet han entendido definitivamente ahora. Han comprendido que deben estirar sus límites para poder dar a sus clientes lo mejor que puedan. Están utilizando productos de alta calidad, y lo más importante es que están gastando en el factor de la creatividad para hacer cosas nuevas para que puedan atraer la atención del cliente de mente voluble de hoy.

Por lo tanto, esta es una cosa que tienes que recordar a lo largo de tu vida de marketing en Internet. Tienes que recordar dar a la gente el valor de su dinero y posiblemente darles más que eso. Siempre dará sus frutos en el mundo del marketing en Internet.

"Una onza de apoyo vale una tonelada de negocio".

Otra teoría muy importante a la que se atienen los vendedores de Internet en la actualidad es que necesitan proporcionar el mejor nivel de servicio posventa y otros tipos de apoyo a sus clientes. Tienen que estar con sus clientes siempre que los necesiten, incluso después de que se haya realizado la venta.

Esto es definitivamente mucho más importante en el mundo del marketing en Internet porque el cliente no puede ver realmente el producto antes de comprarlo. No conocen las pequeñas cosas que pueden estar asociadas al producto y, por ello, pueden encontrar las cosas un poco difíciles cuando compran el producto e intentan utilizarlo. En esos momentos, es importante garantizarles una asistencia posventa.

Los clientes están saliendo poco a poco de sus inhibiciones y empiezan a comprar cada vez más productos en línea, pero exigen la seguridad de que se les dará un buen apoyo.

Cuando el soporte es bueno, es más fácil para un vendedor de Internet hacer upselling. Si tiene algún otro producto en el futuro, puede tratar de interesar a su cliente en ese producto también. Sin embargo, si el soporte postventa después del primer producto ha sido deficiente, es muy poco probable que el cliente quiera utilizarlo por segunda vez.

Hay muchas formas de ofrecer este tipo de asistencia a los clientes, incluso sin presencia física. Muchos vendedores de Internet están invirtiendo considerablemente en aplicaciones de software de respuesta automática. Se trata de mensajes automatizados que se envían a la dirección de correo electrónico de un cliente. Estos mensajes automatizados pueden tener cualquier tipo de contenido, y pueden planificarse de manera que determinadas consultas atraigan determinados tipos de respuestas. Al utilizar los autorespondedores, los clientes tienen la impresión de que hay alguien que se ocupa de sus necesidades.

"Dales la oportunidad de decir algo".

Con la forma en que se desarrolla el marketing en Internet, hay otra idea muy especial que los profesionales del marketing han empezado a creer. Se trata de la idea de dejar que los clientes digan lo que piensan. Antes, los vendedores eran bastante escépticos sobre lo que sus clientes podían decir de ellos. Pero este no es el caso hoy en día. Hoy en día, los clientes tienen la oportunidad de decir lo que piensan. De hecho, hay pocos negocios en línea que piden a los clientes que den su valiosa opinión una vez que han realizado la compra.

Hay muchas formas de permitir que los clientes expresen su opinión. Dos de las mayores tiendas online del mundo -Amazon (http://www.amazon.com/) y eBay (http://www.ebay.com/)- tienen opciones en las que los compradores pueden publicar sus comentarios sobre el producto y la calidad del servicio que han recibido. Estos comentarios se convierten en una revelación para otras personas que están pensando en comprar el mismo producto.

Encontrará la misma mentalidad en varios de los sitios web de marketing en Internet de los que hablamos. Cada uno de estos sitios puede ser considerado como una meca para los vendedores de Internet, porque aquí es donde pueden entrar en la misma ranura de su base de clientes y preguntarles lo que necesitan. Sus revisiones pueden ciertamente ayudarles a reforzar la popularidad de su propio negocio y pueden mejorar el alcance de su negocio.

Los vendedores de Internet tienen que tener cuidado con la naturaleza de sus negocios y lo que están promoviendo. Hay que asegurarse de la legalidad del producto. Como es obligatorio por ley dar toda la información que puedan sobre sus productos, esto se convierte en algo que es esencial hacer también.

"Los clientes pueden traer más clientes".

Esta es una creencia muy importante de la generación actual. Los vendedores de Internet creen a pies juntillas que una vez que tengan un grupo estable de clientes, entonces podrán traer más clientes.

Una vez más, esto tiene sus raíces en el concepto de marketing viral. Cuando a alguien en Internet le gusta algo, es mucho más probable que lo recomiende a sus amigos que si le gustara en el mundo offline. Por ejemplo, cuando a alguien le gusta un vídeo, basta con un par de clics para compartirlo con todo el grupo de redes sociales del que forma parte. Hay muchas veces que a la gente le gusta algo en YouTube y luego, con unos pocos clics, comparte todo ese vídeo a través de su perfil de Facebook.

Hay muchos más aspectos. Es posible que alguien a quien le guste un producto que ha utilizado -incluso en el mundo offline- escriba una reseña sobre él, o publique algo sobre él en el muro de Facebook o tuitee sobre él. Al hacer todas estas cosas, los que postean pueden estar actuando por su entusiasmo de que les guste algo, pero sin saberlo, están actuando como portavoces del propio producto.

En esto se basan los comerciantes de Internet. Saben que sus productos pueden ser llevados a mayores por los clientes que consiguen. Por lo tanto, tratan de atraer a sus clientes con gran calidad y servicio, y luego estos clientes llevan su nombre hacia adelante. Con una publicidad mínima, y una publicidad que se mantiene, los vendedores de Internet pueden realmente mantener su negocio en marcha, y centrarse en su crecimiento todo el tiempo.

CAPÍTULO 7: MÉTODOS ANTIGUOS DE MARKETING EN INTERNET QUE AÚN FUNCIONAN

Aunque varios métodos nuevos de marketing en Internet se hacen notar cada día que pasa, al mismo tiempo no se olvidan los métodos antiguos.

Como el vino en la botella, sólo han mejorado con el tiempo. Hay muchas formas de aprovechar los métodos convencionales para conseguir un goteo continuo de clientes fieles.

En este capítulo, examinaremos estos métodos.

Métodos antiguos de marketing en Internet que aún funcionan

Si bien hemos hablado de tantos métodos nuevos de marketing en Internet que la gente está utilizando a tope hoy en día, también tenemos que tener en cuenta que los métodos de la antigüedad no están exactamente pasados de moda. De hecho, un ávido comercializador de Internet empezará por emplear los métodos de marketing tradicionales y luego pasará a emplear los más novedosos. Es la sana mezcla de todos los diferentes tipos de métodos lo que puede dar a la gente la satisfacción de haber comercializado bien y traer los resultados que están buscando.

Algunos de los métodos de la antigüedad que siguen siendo frecuentes hoy en día -en realidad todos lo son todavía- incluyen la construcción de enlaces en la que compartes tus enlaces con otras personas de diversas maneras y haces que tu sitio web de negocios sea más popular, el marketing de artículos y los blogs de los que ya tienes una idea a través de los capítulos anteriores, y el marketing de afiliación en el que alguien promueve tu sitio web de comercio electrónico y les pagas en proporción a los clics, las ventas o los clientes potenciales que son capaces de traer a tu negocio.

Cada uno de estos métodos tiene su encanto intacto todavía y traen resultados también. Lo mejor es que todos estos métodos son bastante libres de usar. No hay nada ni nadie que tenga que pagar, excepto por el esfuerzo que tenga que hacer. Sin embargo, para el mercadólogo de Internet diligente, este esfuerzo no es un gran calvario... es todo parte del gran juego.

Construcción de enlaces

La construcción de enlaces es algo que ha sido popular desde el inicio de la optimización de los motores de búsqueda. Como este es el caso, uno tendrá que asegurarse de que tienen la información correcta con respecto a esta plataforma para que puedan tener éxito en ella. Antes de que una persona entienda lo que implica, es aconsejable que tenga una idea de lo que significa.

En términos generales, la construcción de enlaces puede definirse como el arte de crear enlaces entrantes que van directamente a su sitio. Los enlaces que se utilizan para tal situación se conocen como enlaces recíprocos. Los enlaces recíprocos suelen aparecer en directorios de artículos y boletines de noticias. El uso de la construcción de enlaces se aconseja para las personas que quieren tener una gran cantidad de tráfico en sus sitios. Hay muchos tipos y uno de ellos es el enlace recíproco.

Los enlaces recíprocos se denominan a veces intercambio de enlaces. Estos términos se utilizan para mostrar cuando dos propietarios de un sitio web deciden mostrar el enlace del otro en sus sitios. Cuando estos sitios se gustan de esta manera, aumentará indirectamente el tráfico a cada uno de ellos. Cuando el tráfico se incrementa, el ranking de los motores de búsqueda mejora. Esta mejora se hace más cuando hay una gran cantidad de construcción de enlaces en un sitio. Este proceso tiene varias ventajas que algunas personas pueden desconocer.

Una de las ventajas del link building es que se utiliza para conseguir tráfico de calidad. El tráfico se obtiene de sitios que tienen una plataforma similar a la que se está enlazando. En este caso, el tráfico que se genera no es spam sino tráfico real. El siguiente hecho de tener mucho tráfico de calidad es que el sitio se percibe como un recurso valioso. Además de beneficiar a los usuarios, la construcción de enlaces se considera algo que crea conciencia, credibilidad y visibilidad del sitio web. Esto, a su vez, provocará un aumento de los ingresos en términos de ventas y publicidad.

En definitiva, la mayor y mejor ventaja es que mejora la indexación en todos los buscadores. La indexación en los motores de búsqueda se hace por la calidad del tráfico que se genera. Por eso, los buscadores que tienen mucho tráfico pobre no se posicionarán más alto que los que tienen un tráfico medio de alta calidad. En la actualidad, los enlaces han sido muy populares de tal manera que las personas que poseen sitios web siempre están buscando maneras de que puedan comprar más enlaces. Como resultado, hay personas que están en el negocio de crear enlaces y venderlos en Internet. Esto ha provocado una oportunidad para que la gente gane algo de dinero extra mientras crea puestos de trabajo para aquellos que tienen conocimiento del negocio. Hay empresas que también pueden ayudar a una persona a crear enlaces. Estas empresas son normalmente conocidas como directorios. A continuación se presenta una lista de algunas de estas directivas:

1. http://www.centraldirectory.net/
2. http://www.addurl-free.com/

3. http://www.bzzu.com/

4. http://www.ccislinks.com

5. http://www.a1weblinks.net

6. http://www.centraldirectory.net/

7. http://www.cbravo.com/

8. http://www.cell-search.com/

Para obtener una lista de más de estos sitios, puede consultar http://www.directory-owners.com/showthread.php?t=7

Usos de los directorios

Un directorio web es un sitio web como cualquier otro. La diferencia es que tendrá una colección de páginas web que tienen más o menos el mismo contenido. Esto significa que un directorio de medicina tendrá páginas web que tratan principalmente de medicina. El primer uso de los directorios web es ser una fuente de información para la gente. La mayoría de las personas que buscan información en Internet tienen que buscarla en los directorios web. Por lo tanto, facilitan a la gente la obtención de información sobre un determinado tema. Esta es una de las razones por las que se consideran útiles. Pero también es una de las principales razones por las que son populares entre los usuarios de Internet.

Al incluir su sitio web en un directorio, se beneficia de ciertas ventajas. Una de ellas es la posibilidad de tener una mejor clasificación en los motores de búsqueda. Una vez que haya incluido su sitio en un directorio, los motores de búsqueda tendrán más posibilidades de encontrarlo. Una vez que lo hayan encontrado, lo añadirán en sus listados de forma gratuita. También tiene la posibilidad de tener enlaces unidireccionales. Se trata de enlaces que redirigen únicamente a su sitio. Esto significa que no tendrá que incluir sus enlaces en su sitio.

Tipos de tráfico obtenidos de los directorios

El tráfico que se genera a partir de los directorios será de tres tipos diferentes. El primer tipo se denomina tráfico de clicks. Este tipo de tráfico es aquel en el que el visitante se ve obligado a ir a su sitio web. La compulsión se debe normalmente a la visita al directorio. Al visitarlo, el visitante verá su sitio e información. Al ver estos elementos se verán obligados a visitar su sitio web.

En segundo lugar, el otro tipo de método para generar tráfico es a través de la indexación. Muchos directorios comenzarán a indexar un sitio inmediatamente que encuentren sus enlaces. Una vez indexados, cada vez que vuelvan a su sitio traerán consigo tráfico. Finalmente el tráfico es generado por los motores de búsqueda. Esto lo hacen los directorios al aumentar su clasificación en los motores de búsqueda. Esto sucede a medida que encuentran la cantidad de referencias y enlaces que llevan a su sitio.

En general, la construcción de enlaces es una de las formas más eficaces de asegurarse de que su sitio tenga éxito. Debería incorporarlo cuando esté construyendo su sitio. Si se asegura de tener enlaces de calidad, aumentará su presencia en los motores de búsqueda y sus relaciones públicas.

Aumentará las posibilidades de conseguir más tráfico para su sitio. Hay algunas personas que dicen que la construcción de enlaces está llegando a su fin. Sin embargo, a través de la construcción de enlaces, uno es capaz de aumentar el tráfico. Al mismo tiempo, son capaces de obtener un mayor PR y por lo tanto obtener más tráfico de los motores de búsqueda. Esto significa que la construcción de enlaces todavía funciona y no se ha extinguido.

Marketing de artículos

El marketing de artículos puede definirse sencillamente como la redacción de artículos cortos para determinados negocios en línea con el objetivo de comercializarlos. Siendo este el caso, uno encontrará que tendrá que encontrar formas y medios para hacerlo especialmente si tienen un sitio web. Una vez escritos los artículos, se distribuyen y se ponen a disposición para su publicación en diferentes sitios web. Los sitios web que se eligen para la publicación de los artículos son sitios que tienen un contenido similar o relacionado con los artículos.

La razón principal por la que se escriben los artículos es para proporcionar alguna forma de marketing para el sitio web de los propietarios. Cuando los artículos se colocan en otros sitios web, se encontrará que hay personas que obtendrán información relativa a los productos de determinados sitios. Esta información se incorpora normalmente con un enlace al sitio web del propietario. De esta manera, una persona que mira el sitio web será capaz de obtener más información y productos desde el enlace que se proporciona. Siempre que los artículos estén bien escritos, ofrecerán la posibilidad de aumentar el tráfico al sitio web del propietario.

Los artículos mal escritos no tendrán un gran impacto y en algún momento como pueden quedar estancados. Como propietario de un sitio web, la comercialización del artículo es una de las maneras que usted puede utilizar para obtener más tráfico a su sitio. Este es un sistema de marketing que ha sido probado por muchos maters web en todo el mundo. Hay dos tipos principales de la comercialización del artículo. Hay el tradicional y la comercialización del artículo en línea. Para obtener una buena comprensión de los dos, uno tendría que tener una visión general de cómo funcionan.

Marketing tradicional de artículos

El marketing de artículos tradicional es el uso de revistas, periódicos y cualquier medio impreso para publicitar el artículo. Esto ha sido algo que ha estado sucediendo durante mucho tiempo. En el sentido general del mismo, el marketing de artículos tradicional sigue estando de moda y sigue generando resultados a los negocios offline. Sin embargo, esto está cambiando rápidamente debido al impacto que el marketing de artículos online tiene en ciertos negocios.

El proceso que sigue el marketing tradicional de artículos es muy sencillo. Lo que ocurre es que el propietario de un negocio acudirá a un medio de comunicación impreso de su elección. Puede optar por un periódico, una revista o incluso un folleto. Cuando hayan elegido el medio de comunicación impreso que utilizarán, el siguiente paso será discutir los términos del artículo que se imprimirá. En la mayoría de los casos, el empresario escribirá un artículo con ciertas especificaciones que le dará el medio de comunicación impreso que ha elegido.

Una vez que hayan escrito, la empresa de medios impresos imprimirá y publicará el artículo. Los beneficios de esta empresa son mutuos. El medio de comunicación impreso obtendrá contenidos para sus productos y el empresario obtendrá publicidad para sus productos y/o servicios. Por ejemplo, una persona que se dedique al negocio inmobiliario se dirigirá a una revista inmobiliaria. Negociarán los términos y condiciones de la publicación del artículo. La revista inmobiliaria puede decidir que necesita contenido sobre los tipos de interés hipotecarios actuales en el país o la zona. La persona que se dedica al negocio inmobiliario elaborará un artículo en este sentido.

Una vez que haya terminado de cablearlo, lo entregará a la revista. La revista lo editará según sus especificaciones y lo publicará en el próximo número. El empresario inmobiliario conseguirá clientes gracias al artículo de la revista. La revista, por su parte, obtendrá contenido y generará indirectamente algunos ingresos. De este modo, ambas partes se benefician de la empresa.

Marketing de artículos en Internet

El marketing de artículos en Internet es una estrategia de marketing en Internet que se utiliza para generar clientes potenciales en el sitio que utiliza esta estrategia. La idea principal detrás de esta idea es tener servicios y productos de la empresa anunciados en Internet. Esto se hace normalmente mediante el uso de directorios de artículos en línea.

Los directorios de marketing en línea darán indirectamente ingresos a los comercializadores de artículos. La razón principal detrás de esto es que la mayoría de estos directorios tendrán un alto volumen de tráfico. Al mismo tiempo, los motores de búsqueda normalmente los consideran los líderes en información y, por lo tanto, les dan prioridad sobre todos los demás sitios web.

Esta cuestión ha hecho posible que los artículos reciban tráfico gratuito de estos sitios web. Cuando un motor de búsqueda ha estado en contacto con el directorio, el resultado final es el envío de un PageRank al autor del sitio web.

También enviará el tráfico que ha recibido de los lectores. Teniendo esto en cuenta, los mercados de Internet tratarán de maximizar su tráfico enviando el mismo artículo a muchos directorios. Esto tendrá el efecto de producir el mismo contenido cuando los motores de búsqueda lo busquen.

Para evitar esta situación, los motores de búsqueda tienen un filtro que garantiza que no se repita el mismo contenido. Dado que este es el caso, enviar el mismo artículo a diferentes directorios no hará que sean artículos generadores de tráfico.

En la actualidad, hay algunos vendedores de Internet que han descubierto una manera de cambiar los artículos con el fin de enviarlos a muchos directorios de artículos. Este cambio se conoce normalmente como "article spinning". Cuando un artículo es hilado, utiliza sinónimos para cambiar las palabras pero manteniendo el significado. Este método asegura que un solo artículo puede teóricamente ganar tráfico de múltiples directorios cuando es enviado. Esto, un artículo puede teóricamente ganar tráfico de múltiples directorios de artículos.

Estructura y formato de los artículos comúnmente aceptados

La estructura del artículo es importante para generar con éxito el tráfico necesario. Cuando una persona publica algo en Internet, el método más común para generar tráfico es asegurarse de utilizar un título interesante y pegadizo.

El cuerpo del artículo deberá tener una media de 500-800 palabras. La razón por la que se utiliza el marketing de artículos es principalmente para dar al propietario de un sitio web algo de tráfico. Esto significa que el artículo tendrá que tener palabras clave que coincidan con los criterios de búsqueda de los usuarios de Internet. Una vez hecho esto, usted está seguro de obtener tráfico de los artículos.

Blogging

Un blog se define en términos sencillos como un tipo de sitio web o una parte de un sitio web. En este caso, existen diferentes tipos de blogs que varían en función de las preferencias del propietario. Los blogs suelen ser mantenidos por una empresa o un individuo que los actualiza a menudo con eventos regulares, entradas de noticias y nuevos productos. El blogging puede definirse como el uso de un blog de esta manera.

La mayoría de los blogs se utilizan principalmente como plataforma interactiva. Esto significa que cualquier persona que visite un blog puede dejar un comentario en él. La posibilidad de dejar comentarios en el sitio es la principal diferencia entre los blogs y los sitios web. En la mayoría de los casos, los blogs ofrecen información que es relevante para los títulos del blog. Las entradas que se han insertado en el blog se muestran principalmente en orden cronológico inverso.

En algunos casos, hay blogs que tienen texto, imágenes y otras entradas que tratan sobre determinados sitios web. La mayoría de estos blogs se basan en entradas de texto. Sin embargo, hay algunos que se basan en imágenes. Normalmente son blogs relacionados con el arte y pueden tener fotografías. El proceso de insertar todos estos comentarios e imágenes se conoce como blogging. Un bloguero puede ser el autor del sitio web o un visitante. Hay muchos tipos de blogs. Por eso, entenderlos dará a una persona una mejor percepción sobre el blogging.

Blogs personales

Este tipo de blogs son principalmente para el bloguero propietario del sitio. Se utilizan principalmente como diario y punto de referencia. En la mayoría de los casos, este tipo de blogs apenas se leen, ya que no están indexados o en un directorio. Sin embargo, el propietario del blog sigue siendo considerado un bloguero mientras introduzca entradas en el mismo. Estos tipos de bloggers utilizan principalmente estos blogs para crear un punto de referencia en su vida.

Algunos utilizan blogs personales para reflexionar sobre su vida. Por ello, no se comercializan y la gente puede tropezar con ellos por error. Este tipo de blogs rara vez se hacen famosos y nunca tendrán muchos seguidores. Otro nombre para este tipo de blogs es microblog. Este tipo de blog suele ser muy detallado y se utiliza para captar un momento determinado en el tiempo. Los sitios sociales como twitter tienen la capacidad de permitir a los bloggers compartir sus pensamientos con las personas que están cerca de ellos. Este es un método más rápido que el uso de un correo electrónico.

Blogs corporativos y organizativos

Un blog puede utilizarse para diferentes fines. El tipo de uso que una persona quiera darle vendrá determinado por sus preferencias y por el objetivo que persiga. Hay blogs corporativos y organizativos que se utilizan hoy en día en el mundo.

Estos tipos de blogs se utilizan principalmente para fines empresariales. El negocio que el blog pretende promover es el de las relaciones públicas, el marketing y el branding.

Esta clasificación se da a este tipo de blogs. Un blog de este tipo tiene como objetivo principal informar a los miembros de ciertos eventos que ocurrirán en el futuro. Los miembros son en su mayoría de la organización o del grupo. Ejemplos de organizaciones que tienen este tipo de blogs son los clubes. En estos blogs se puede encontrar información sobre el club y sobre cualquier nuevo evento o noticia. Este es el objetivo principal de estos blogs.

Blogs de género

Un género es un tema concreto. Hay algunos blogs que se especializan en un tema concreto. Este tema puede ser cualquier cosa, desde el entretenimiento hasta la política. Estos blogs se clasifican principalmente como blogs de género. El género que utilizan estos blogs varía según el creador del mismo. Los tipos de blogs que son comunes en esta categoría son los blogs de música y arte.

En los blogs de arte, encontrará que hay muchas personas que siguen los blogs. Hay personas que se interesan por el arte. Sin embargo, los blogs de música son los que tienen el mayor número de seguidores. Independientemente de los tipos de música que el blog se trata, usted encontrará que una persona siempre seguirá un blog de este tipo. Una razón que hace que los blogs sean populares es el uso de diferentes tipos de música y actualizaciones sobre música o cosas relacionadas con la música.

Blog de medios de comunicación

Los blogs de medios de comunicación son blogs que están destinados a ser utilizados únicamente para los medios de comunicación. El medio que se utilice determinará el nombre del blog. En la mayoría de los casos, los nombres varían entre sketchlog, linklog y vlog. Un blog que contenga un portafolio de bocetos se denomina normalmente sketchlog. Uno que tiene vídeos se denomina vlog, mientras que un blog que tiene enlaces es un linklog.

Hay algunos blogs que tienen diferentes tipos de medios de comunicación en ellos. Normalmente se denominan tumblelogs. Hay otros tipos de bitácoras que se hacen en una máquina de escribir y las que se alojan en un protocolo Gopher.

Este tipo de registros son diferentes de los registros normales y se ven raramente. La que se hace en una máquina de escribir normalmente se escanea después de haberla hecho. Los nombres más comunes para este tipo de bitácora son bitácoras mecanografiadas. El phlog es uno que se aloja en un protocolo Gopher.

Por dispositivo

Un blog también se puede definir por el tipo de dispositivo que se suele utilizar para realizarlo. Un blog realizado por un dispositivo móvil se conoce como moblog. Este blog es aquel que ha sido realizado por un teléfono móvil, una PDA o incluso un pocket pc.

Escribir un blog es algo que puede hacer casi cualquier persona. La persona que hace el blog decidirá el tipo de blog que quiere, el diseño que utilizará y el contenido que pondrá en el blog. La principal ventaja del blog es que es gratuito y se puede utilizar para ganar dinero en línea.

CONCLUSIÓN

Así pues, este es el mundo del marketing en Internet, todo en bandeja para ti. Estos son los métodos que necesitas para empezar, y también los métodos que pueden llevarte hasta allí arriba, donde los mejores de los vendedores en línea se codean hoy en día.

Hemos visto toda la gama de métodos de marketing en Internet, desde los más antiguos, como el marketing de artículos y los blogs, hasta los nuevos, como las redes sociales y el vídeo marketing. Si eres capaz de implementar todos estos métodos, construir estrategias en torno a ellos y seguir trabajando con ellos de la manera correcta, entonces ciertamente pueden deletrear el ÉXITO en el mundo del marketing en Internet para ti.

Ahora se trata de elaborar una estrategia y poner en práctica las técnicas adecuadas. Con suerte, usted será capaz de hacerlo, y eso sería el logro del propósito de este eBook.

Todo lo mejor para ti!!!